Roma, romanissima

Lucas Militello

# Roma, romanissima

## Rom für junge Leute

SCHNELL + STEINER

*Für W. D.*

Bibliografische Information der Deutschen Nationalbibliothek
Die Deutsche Nationalbibliothek verzeichnet diese Publikation in der Deutschen
Nationalbibliografie; detaillierte bibliografische Daten sind im Internet über
http://dnb.d-nb.de abrufbar.

2., aktualisierte Auflage 2014
© 2014 Verlag Schnell & Steiner GmbH,
Leibnizstraße 13, 93055 Regensburg
Satz: Erhardi Druck GmbH, Regensburg
Umschlaggestaltung: Anna Braungart, Tübingen
Karten: Angelika Solibieda, cartomedia-karlsruhe
Druck: Erhardi Druck GmbH, Regensburg

ISBN 978-3-7954-2867-9

Weitere Informationen zum Verlagsprogramm erhalten Sie unter:
www.schnell-und-steiner.de

# Inhalt

# Highlights und Sehenswertes
Von Antik bis zeitgenössisch

## ◼ Die Klassiker

## ◻ Vatikan und Engelsburg

# Rom, Römer — romanissima!

# Ausflüge

# Lebens- und Liebenswertes

Von Aperitivo bis Zabaione-Eis

# Reiseorganisation

# Vorwort

Zunächst: Der Autor dieses Romführers ist ein junger Römer, schreibt also über die eigene Stadt. Nicht einfach ein Rom-Fan, der im Laufe weniger Monate ein Buch darüber, was Einheimische immer noch für den Nabel der Welt halten, zusammenstellt. So sind auch die hier enthaltenen Informationen alle aus erster Hand, nicht nur gehört oder mal ausprobiert, sondern gelebt.

Spontan habe ich mich vor ca. einem Jahr entschieden, einen Stadtführer zu schreiben, der in allererster Linie „echt" sein sollte. Natürlich ist es wahr, dass die römischen Busse trotz der neuerdings aufgestellten Leuchtanzeigen keinen Fahrplan haben und dass für einen Römer eine rote Ampel nicht unbedingt ein Grund ist, anzuhalten. Was die Restaurants und Bars betrifft, die hier aufgeführt sind, so wurden sie alle mehrfach persönlich unter die Lupe genommen, wobei der Autor als unauffälliger römischer Ragazzo auftrat, d.h. es wurde nicht auf Dankbarkeitsgesten der Besitzer geachtet. Soviel zur Wahrhaftigkeit meiner Aussagen.

Die Römer sind seit jeher eine besondere Spezies, denn jeder von ihnen trägt ein Stück der fast 3000-jährigen Geschichte seiner Stadt in sich. Es darf einen nicht wundern, wenn sich der volkstümliche römische Witz auf die Mächtigen, seien es Könige, Konsuln, Senatoren, Kaiser, Päpste, Diktatoren oder Regierungspräsidenten, bezieht: Die Römer lästern gern über ihre Regierenden und die Kirche, denn die Nachbarschaft ist einfach zu eng, als dass man vor solchen Institutionen noch großen Respekt hätte. Deshalb ist Rom unter den italienischen Städten auch längst nicht die frömmste.

Schon immer hatte Rom zwei Seiten. Die eine ist das Rom der Pracht, des Reichtums und der Macht, verkörpert durch Triumphbögen, riesige Paläste und Kirchen. Auf der anderen Seite findet der aufmerksame Besucher das Rom der Menschen, sei es morgens in der Bar bei einem Cappuccino oder sonntags in der *Pasticceria*, die etwa der Konditorei entspricht, beim Kauf von *Pastarelle* – mit verschiedenen Cremes gefüllte Windbeutel –, die man nach dem ausgiebigen Mittagessen zu Hause verspeist. Das inzwischen weltberühmte *Motorino* (auf Italienisch auch *scooter*) ist ein weiterer unverzichtbarer Bestandteil römischen Lebens. Ein Motorino ist alles, was zwei Räder hat und weder ein Fahrrad noch ein Motorrad ist. Damit ist ein großer Teil der Römer unterwegs, denn so kann man vorzüglich an den an Ampeln und im Verkehr stehenden Autos vorbeifahren, und außerdem wird das Parkproblem oft einfach durch den Bürgersteig gelöst. Der Autor selbst benutzt als Gefährten (bzw. Gefährt) auf seinen Streifzügen durch die Stadt eine „Ape". Das ist die größere, dreirädrige Schwester der weltbekannten „Vespa". Gegenüber dem Zweirad hat die Ape (sie ist weiblich, denn es handelt sich ja um die „Biene") mit ihrem Führerhäuschen zwei unbestreitbare Vorteile: Erstens kippt sie nicht um und zweitens wird man nicht nass, wenn es regnet; allerdings ist sie auch nicht so wendig wie ein Motorino.

Es wird oft gesagt, Rom sei eine durch und durch chaotische Stadt, aber das kann ich nicht ganz bestätigen; es gibt auch ruhige Fleckchen, und die Stadt ist nur in den Augen der Besucher dauernd chaotisch. Für einen Römer ist das alles normal: Die Stadtbewohner nörgeln zwar dauernd über die Zustände, die hier herrschen, aber das ist eine tief verankerte Gewohnheit. Auch ich ärgere mich natürlich, wenn ich im Verkehr stecke, und ich ärgere mich noch mehr, wenn ich sehe, dass die Ursache des Staus ein schlecht geparktes Auto ist. Trotzdem verfliegt mein Ärger schnell, auch wenn ich hoffnungslos spät dran bin.

Wenn man Rom nicht mit Geduld und Gelassenheit angeht, wird man an Rom keine Freude haben. So sollte der Besucher beim Überqueren der Straße warten, bis kein Auto vorbeifährt, und sich nicht todesmutig in den Verkehr stürzen, selbst wenn die Ampel grün zeigt. Dasselbe Prinzip gilt für die Eisdiele: Wenn man geduldig an der Theke gewartet hat, bis man an die Reihe kommt, wird man an die Kasse geschickt, denn es wird zuerst bezahlt und dann konsumiert. Man möge sich auch nicht aufregen, wenn man (zum Beispiel im Mai) länger anstehen muss, um in den Petersdom zu kommen (und noch länger, um auf die Kuppel zu steigen!). In diesem Fall gibt es kein Entrinnen, da hilft nur Geduld. Auf eine viel härtere Probe werden allerdings die gestellt, die über einen längeren Zeitraum in der *Urbs* (lateinisch für Stadt) wohnen (möchten): nämlich in den allermeisten öffentlichen Behörden. Ein Besucher hat beispielsweise das Glück, keinen italienischen Ausweis zu benötigen, denn dafür muss man lang vor der Öffnung der zuständigen Büros vor geschlossener Tür im Freien warten, und dann kann man immer noch nicht sicher sein, den ersehnten Schein auch tatsächlich ausgestellt zu bekommen. Die Römer lästern und schimpfen sich zwar die Seele aus dem Leib, unternehmen aber konkret nichts gegen diese Missstände (vielleicht arbeiten sie ja selbst in einer öffentlichen Behörde …).

Nun zum Aufbau dieses Buches: Die beiden Hauptteile „Besichtigen" und „Leben" sollen selbstverständlich nicht voneinander getrennt, sondern ständig miteinander verflochten werden. Deshalb enthält der erste Teil auch ständig Verweise auf den zweiten. Rom ist eine sinnliche Stadt (und sie will mit allen Sinnen erlebt werden!), ihrem Wesen nach eine Stadt für Genießer. Da man außerdem von Sinneseindrücken nur so überflutet wird, sollte man immer wieder eine Pause einlegen, zur Ruhe

kommen und den Eindrücken Zeit geben, sich zu setzen.

Ein nicht unerheblicher Teil des Stadtlebens spielt sich auf der Straße ab; deswegen, werden ein paar Spaziergänge durch verschiedene Teile der Innenstadt beschrieben. Manche, die Rom schon kennen, werden sich wundern, warum weniger Bekanntes in diesem Romführer manchmal mehr Platz zugestanden bekommt als Altbewährtes: Der Autor ist schon mit vielen Gleichaltrigen durch seine Stadt gezogen, und ihre Reaktionen sind selbstverständlich in die Auswahl eingeflossen. Dass die römischen Ragazzi auf ihren abendlichen Touren an weltberühmten Sehenswürdigkeiten vorbeikommen, ist für sie ganz normal.

An wen wendet sich dieses Buch? Eigentlich an alle, die Rom als Stadt und als Ganzes erleben möchten, und nicht nur als Museum. Zugeschnitten ist dieser Romführer verständlicherweise auf jüngere Menschen – sowohl auf diejenigen, die hier nur einen Urlaub machen, als auch auf solche, die länger bleiben. Er ist nicht einfach ein Low-cost-Führer, obwohl der Autor selbstverständlich darauf geachtet hat, dass die Angaben auch zum Geldbeutel von Schülern, Studenten und Berufsanfängern passen. Es lohnt sich übrigens, die Tipps und Infos schon vor Reisebeginn zu lesen. Hinweis an die Lehrer, die eine Romreise mit ihrer Klasse planen: Viele Schüler werden es Ihnen danken, wenn Sie einen Park mehr und dafür ein Museum weniger in Ihr Programm aufnehmen.

Rom wird oft als respektlose Stadt wahrgenommen, die jedoch für sich selbst viel Respekt einfordert. Gebt ihr diesen Respekt, denn sie verdient ihn. Das äußert sich beispielsweise darin, dass man als Fremder nicht vorgibt, alles schon zu kennen; dass man sich (möglichst) Zeit lässt und nicht gleich nörgelt; dass man auf dem Markt fragt, wie man das unbekannte Gemüse zubereitet, und auch mal mit dem Verkäufer lacht, wenn man's nicht gleich versteht (ruhig nochmal nachfragen!). Je höher die Achtung, die wir der Ewigen Stadt und ihren Bewohnern entgegenbringen, desto eher wird sie geneigt sein, etwas Echtes von sich preiszugeben.

Viel Spaß in Rom wünscht
Lucas Militello

# Komprimierte Geschichte Roms

Gemäß der Eselsbrücke kroch 7–5–3 Rom aus dem Ei – vor Christus, wohlgemerkt. Der Gründer Romulus wird zu Roms erstem König; auf dem Hügel Palatin entsteht der Urkern der Stadt. Der siebte (und letzte) König, Tarquinius Superbus, treibt es zu bunt und wird kurzerhand von den Römern aus der Stadt gejagt. Daraufhin wird 510 v. Chr. die Republik ausgerufen.

Dieses System hält mehrere Jahrhunderte, trotz der vielen (sozusagen normalen) Kriege, Bürgerkriege und Aufstände. Ein gewisser Gaius Julius Caesar läutet das Ende der Republik ein, als er zum Diktator auf Lebenszeit ernannt wird. 44 v. Chr. wird er von den Senatoren ermordet, weil er ihnen zu mächtig geworden ist. Seinem Adoptivsohn Oktavian (später Augustus) gefällt das allerdings gar nicht: Er lässt die Caesarmörder verfolgen und hinrichten.

Damit nimmt das Imperium seinen Lauf. Im Jahr 64 n. Chr. brennt Rom lichterloh, und Kaiser Nero macht dafür die Christen verantwortlich: Die Christenverfolgungen beginnen. Erst 313 setzt Kaiser Konstantin dieser Praxis mit dem Toleranzedikt ein Ende. Währenddessen wird der Druck der Barbaren auf das Kaiserreich immer größer. 476 ist dann endgültig Schluss: Rom wird von den Barbaren erobert und der letzte Kaiser, der ironischerweise Romulus Augustulus heißt, abgesetzt.

Im Mittelalter wird es eher still um Rom (von manchen besonders skandalumwitterten Päpsten abgesehen). Ein Aufleben der Kaiserzeit folgt an Weihnachten des Jahres 800, als Karl der Große zum Kaiser gekrönt wird. In dieser Epoche entwickeln sich sowohl der Kirchenstaat als auch andere italienische Fürstentümer. Vom römischen Mittelalter ist aufgrund von Plünde-

*SPQR – Senatus Populusque Romanus* (Senat und Volk von Rom). Das Hoheitszeichen des antiken Roms schmückt noch heute das Stadtwappen. Man begegnet ihm überall wie hier am Laternenpfahl

Augustusstatue auf der Via dei Fori Imperiali

*Blick von der Kuppel des Petersdoms auf die Stadt*

rungen, Wiederverwendung, Verfall usw. nicht mehr viel übrig (die Stadt ist gegenüber der Antike auch stark geschrumpft).

In der Renaissance jedoch geht die Sonne der Kultur wieder auf: Alles, was im Mittelalter verpönt und sündenbelastet war, wird auf einmal (wieder) interessant. Überall werden Künstler unterstützt, die Kunst richtet sich nach antiken Vorbildern. 1506 wird der Grundstein für die neue Petersbasilika gelegt. An dieser Kirche arbeiten fast alle Künstler der Renaissance und des Barock, unter ihnen Bramante, Michelangelo und der fast allgegenwärtige Bernini.

Der erste Schock für den Kirchenstaat kommt mit dem *Sacco di Roma* (1527), als die Landsknechte Karls V. Rom plündern und dafür die Pest zurücklassen. Das zweite Erdbeben wird von Napoleon verursacht: Rom wird besetzt, und die französischen Truppen entführen tonnen-

weise Kunstschätze (darunter das Vatikanische Archiv) nach Paris. Nach Napoleon scheint alles wieder gut zu gehen, denn mit dem Wiener Kongress 1814 wird der Kirchenstaat wiederhergestellt. Lang hält dieses Revival aber nicht: Am 20. September 1870 dringen Truppen des erst 1860/61 gegründeten Italien in Rom ein. Dieses Ereignis wird *Breccia di Porta Pia* genannt, und es zieht den Schlussstrich unter den Kirchenstaat. Rom wird Hauptstadt des vereinigten Landes.

1922 marschiert Benito Mussolini mit seinem faschistischen Gefolge nach Rom und wird zum Ministerpräsidenten ernannt. Auch die Römer jubeln ihm zu. Sieben Jahre später werden die Lateranverträge unterzeichnet, mit denen der Vatikanstaat ins Leben gerufen wird. Der Alptraum des 2. Weltkriegs hat für Rom am 4. Juni 1944 ein Ende, als die Alliierten einmarschieren. In den Monaten zuvor war Rom „offene Stadt" gewesen, d.h. sie wurde nicht verteidigt und durfte nicht angegriffen werden.

1960 finden in Rom die Olympischen Sommerspiele statt, die Kampfsportarten werden in der Maxentiusbasilika vor dem Kolosseum ausgetragen. Gleichzeitig ist die *Dolce Vita* in vollem Gang, mit ihrem Zentrum auf der Via Veneto. Nach der über 30-jährigen Amtszeit des polnischen Papstes Johannes Paul II. wird am 19. April 2005 der Deutsche Joseph Ratzinger zum Oberhaupt der katholischen Kirche gewählt. Er gibt sich den Namen Benedikt XVI. Nach seinem Rücktritt 2013 wird der Argentinier Jorge Bergoglio mit dem Namen Franziskus Papst. Chef im *Campidoglio* ist zurzeit der Mitte-Links Politiker Ignazio Marino.

# Highlights und Sehenswertes

## Von Antik bis zeitgenössisch

# Die Klassiker

# Kolosseum

*„Munera" als Ventil fürs Volk*

Das Kolosseum ist (neben dem Petersdom) das Wahrzeichen Roms, wie es das Brandenburger Tor für Berlin oder die Freiheitsstatue für New York ist. Der Volksglaube sagt: Solange das Kolosseum steht, steht auch Rom. Sollte das Kolosseum also untergehen, dann geht auch Rom unter – und mit Rom selbstredend die ganze Welt. Das zeigt, wie wichtig das Kolosseum für die Römer ist. Seit jeher sieht der Römer das Kolosseum nicht als düsteren Ort des Todes, vielmehr hat sich hier der ursprüngliche Eindruck erhalten: Es diente als Anlage zum Zeitvertreib, wie ein heutiges Fußballstadion. Genau das wollte Kaiser Vespasian im Jahr 72 n. Chr. erreichen, als er mit dem Bau des Kolosseums anfing. Fertiggestellt wurde das Amphitheater im Jahr 80 n. Chr. unter Kaiser Titus, Vespasians Sohn. Die Eröffnungsfeier dauerte hundert Tage; und die Historiker schätzen immer mal wieder, wie viele Tiere (und Menschen) in diesen Tagen umgekommen sind, allerdings mit sehr unterschiedlichen Ergebnissen. Jedenfalls behält das Kolosseum eine ganz eigene Faszination: Man kann sich tatsächlich noch vorstellen, wie es einmal war, nämlich außen aus hellem Stein von den untersten Torbögen bis hin zu der obersten Reihe. Innen konnten ca. 50.000 Zuschauer Platz finden und ihrem Lieblingsgladiator zujubeln. Mit Hilfe einer Holzkonstruktion konnte ein Sonnensegel über die Tribünen gezogen werden, damit es den Zuschauern nicht zu heiß wurde.

Das Kolosseum besaß 80 Eingänge, damit die Besucher schnell zu ihren Plätzen und nach den Veranstaltungen auch wieder aus dem Gebäude heraus kamen. Das elliptische Kolosseum

**Tipp:**
*Bei einer zu langen Schlange an der Kasse kann man das Ticket auch am Palatin (schräg gegenüber) kaufen: Via di San Gregorio 30*

So hat das Kolosseum wahrscheinlich einst ausgesehen

*Geöffnet von 8.30 Uhr bis eine Stunde vor Sonnenuntergang / Eintritt 12 €, ermäßigt 7,50 € (auch für Palatin und Forum Romanum gültig) / Piazza del Colosseo / Metro B: Colosseo Bus: 60, 75, 85, 87, 117, 271, 571, 175, 186, 810, 850*

ist 156 m breit, 188 m lang und 48 m hoch. Sein Umfang beträgt also über einen halben Kilometer. Der Boden war mit 54 m Breite und 86 m Länge für Großveranstaltungen geeignet. Anfangs konnte man sogar die Holzbohlen entfernen und den Boden fluten, um Seeschlachten aufzuführen. Erst später wurde die Arena unterkellert. Das Kolosseum blieb als „Spielstätte" übrigens mehr als vier Jahrhunderte in Betrieb.

Inzwischen können auch der sog. „dritte Ring" und die Kellergeschosse des Kolosseums besichtigt werden, allerdings nur im Rahmen von Führungen (8 € – weitere Infos in Englisch auf www.060608.it oder www.pierreci.it – vorher kontrollieren, denn die Führungen finden nicht das ganze Jahr statt!).

Die Via dei Fori Imperiali verbindet Kapitol und Kolosseum

#  Kapitol

Die Reiterstatue des
Kaisers Marc Aurel vor
dem römischen Rathaus

Das Kapitol war das religiöse Zentrum des antiken Roms, denn auf diesem Hügel lag der große Zeustempel, und alle Triumphzüge endeten hier. Bis heute ist das Kapitol Sitz des Bürgermeisters der Stadt.

Will man die Kapitolinischen Museen besuchen, muss man zwangsläufig den von Michelangelo gestalteten Kapitolsplatz mit der einzigartigen geometrischen Bodengestaltung überqueren; eigentlich aber fängt die Besichtigung schon bei der mächtigen Treppe an, die zum Platz hinaufführt. Am oberen Ende sieht man zuerst die beiden Statuen von Kastor und Pollux, danach erscheint das Reiterstandbild von Kaiser Marc Aurel in der Mitte des Platzes. Das Original befindet sich jetzt in den Museen, nachdem es Jahrhunderte lang auf dem Platz gestanden hatte. Die Statue blieb erhalten, weil man im Mittelalter glaubte, es sei Kaiser Konstantin abgebildet, der ja das Christentum als Staatsreligion eingeführt und somit den Verfolgungen der Christen ein Ende gesetzt hatte. Eine Statue des heidnischen Kaisers Marc Aurel hätte das Mit-

*Piazza del Campidoglio/
Bus: 44, 84, 190, 780, 781,
810, 715, 716w*

21

telalter nicht überstanden; man hätte die Bronze eingeschmolzen und vielleicht eine hübsche Kanone daraus gemacht.

# ■ Kapitolinische Museen

Der Dornauszieher – Die römische Wölfin mit Romulus und Remus – Büste des Cicero: Politiker, Schriftsteller, Redner und Philosoph

Die Kapitolinischen Museen sind die wichtigsten öffentlichen Museen Roms. Wie so oft in Rom bestehen die Kapitolinischen Museen aus mehreren Sammlungen, die im Laufe der Jahrhunderte zusammengetragen wurden. Ausgestellt sind antike Statuen, die entweder von den Päpsten der Stadt Rom geschenkt oder nach der Einigung Italiens ausgegraben wurden. Dementsprechend sind dort weltbekannte Exponate zu entdecken. Die Museen sind auch das Schmuckstück der Stadtverwaltung. Vor wenigen Jahren wurden sie renoviert, und jetzt kann man das Reiterstandbild von Marc Aurel aus nächster Nähe in seiner vollen Pracht sehen. Außerdem wurden die Räume des Tabulariums restauriert, in denen während der Römerzeit die amtlichen Dokumente aufbewahrt wurden. Von den Arkaden des Tabulariums aus kann man sehr schön auf das Forum Romanum sehen. In den Museen befindet sich auch die Statue des sterbenden Galliers (eigentlich Galaters) – dessen Foto sich fast in jedem Latein-Schulbuch findet. Aus dem Lateinunterricht erinnert man sich vielleicht auch an eine Cicero-Büste, die jedoch ziemlich gut versteckt ist (sie steht zwischen 100 weiteren Büsten). Das wichtigste und berühmteste Werk der Kapitolinischen Museen ist aber – neben dem Kopf des Caesar-Mörders Brutus und des Dornausziehers – die Kapitolinische Wölfin, eines der ältesten Symbole Roms. Die beiden Knäblein Romulus und Remus wurden erst während der Renaissance hinzugefügt. Jeder Rom-Besucher sollte die Wölfin gesehen haben.

*Di–So geöffnet 9–20 Uhr / Eintritt 9,50 €, ermäßigt 7,50 € / Piazza del Campidoglio / Bus: 44, 84, 190, 780, 781, 810, 715, 716 / www.museicapitolini.org / Rollstuhlgerechter Eingang: Via del Tempio di Giove, vorher +3906 67102071 anrufen*

# Forum Romanum

In antiker Zeit war das Forum der Mittelpunkt Roms, und da Rom als der Mittelpunkt der Welt angesehen wurde, war das Forum Romanum der Mittelpunkt der Welt. Deshalb hatten die Römer auf ihrem Forum den kegelförmigen *Umbilicus Urbis Romae* (Nabel Roms) errichtet, dessen Reste neben dem Bogen des Septimius Severus zu sehen sind. Der Hauptteil des öffentlichen, politischen, wirtschaftlichen und religiösen Lebens spielte sich auf dem Forum ab.

Ursprünglich war das Gelände sumpfig und wurde als Friedhof genutzt. Durch die Anlage der *Cloaca maxima*, des zentralen Abwasserkanals, wurde es trockengelegt, in einen Markt und in einen Ort der Politik, Religion und Rechtsprechung umgestaltet. Diese mehrfache Funktion behielt das Forum über Jahrhunderte (der Gemüse- und Viehmarkt musste allerdings wieder weichen). In den Jahrzehnten vor und nach dem Jahr 0 wurde das Forum monumentalisiert, damit es der neuen Rolle als Weltmacht

Das Forum Romanum vom Tabularium/Kapitol aus gesehen

entsprach. Später kamen nur noch einzelne Bauwerke hinzu. Da das Forum an sich jedoch zu klein wurde, ließen einige Kaiser (Augustus, Trajan, Nerva) weitere „Foren" anlegen, die auf der anderen Seite der Via dei Fori Imperiali ausgegraben sind.

Im Mittelalter verfiel das Forum und geriet größtenteils in Vergessenheit bzw. wurde vom Boden bedeckt. Die herausragenden Bauwerke konnten nur überleben, wenn sie zu Kirchen umgebaut wurden. Viel Marmor wurde einfach für andere Bauwerke entwendet. Lange Jahre diente das Areal als Kuhweide (*Campo vaccino*), bevor im 16. Jahrhundert endlich mit Ausgrabungen begonnen wurde, die bis heute noch nicht ganz abgeschlossen sind.

■ **Basilica Aemilia**: Einzige Basilika aus republikanischer Zeit. Die „Basilica" war bei den Römern übrigens kein Gotteshaus, sondern eine Halle (oft mit Säulen). Die Aemilia diente vor allem bankähnlichen Geschäften.

■ **Curia Iulia:** Sitz des römischen Senats. 630 zur Kirche umgebaut, wurde sie erst 1930 von den meisten nachrömischen Zusätzen befreit (eine Marmorverkleidung ist wahrscheinlich).

■ **Septimius-Severus-Bogen**: Der Triumphbogen wurde um 200 n. Chr. zu Ehren von Kaiser Septimius Severus und seinen Söhnen erbaut, um an ihre Siege gegen die Parther zu erinnern. Noch zu Goethes Zeiten steckte der Bogen fast bis zur Hälfte in der Erde.

■ **Mamertinischer Kerker**: Ältestes Gefängnis Roms. In das Untergeschoss gelangte man nur durch ein Loch im Boden. An einer Wand ist eine Tafel mit den Namen der berühmtesten Gefangenen (und ihrer Todesart!) angebracht. Laut frommer Legenden sollen auch die Apostel Petrus und Paulus hier gefangen gehalten worden sein.

■ **Tempel der Concordia, des Vespasian, des Titus und des Saturn**: Die verschiedenen Tempelanlagen auf kleinem Raum beweisen die Bedeutung des Forums als Kultstätte. Im Saturntempel wurde jedoch auch die Staatskasse aufbewahrt und davor öffentliche Bekanntmachungen angebracht. Vom Bau ist noch die Front mit acht Säulen erhalten.

■ **Rostra**: Dabei handelt es sich um die Rednertribüne für hochgestellte Persönlichkeiten. Ihren Namen hatte sie von den Schiffsschnäbeln, die

Das Zentrum des antiken Roms mit dem Forum Romanum

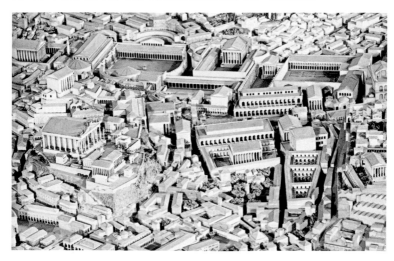

Die drei Säulen
des Castor und Pollux
geweihten Tempels

*Täglich geöffnet von 8.30
Uhr bis eine Stunde vor
Sonnenuntergang / Eintritt
12 €, ermäßigt 7,50 € (Ticket ist auch für Kolosseum
und Palatin gültig) / Via
della Salara Vecchia 4 /
Metro B: Colosseo; Bus:
60, 75, 84, 85, 87, 117,
175, 186, 271, 571, 810,
850 / nicht rollstuhlgerecht*

dem Stamm der Volsker nach der Seeschlacht von Antium (338 v. Chr.) abgenommen wurden. Da die Römer sehr schlechte Seefahrer waren, waren sie auf diese Rostra sehr stolz.

■ **Basilica Iulia**: Caesar begann mit dem Bau dieser großen Gerichtshalle um 54 v. Chr. Es waren über 100 Richter (*centumviri*) dort tätig.

Den ■ **Dioskurentempel** (den Zeussöhnen Castor und Pollux geweiht) erkennt man nur noch an den drei hohen Säulen.

■ **Tempel des Divus Iulius**: Nach Romulus war Caesar der erste, der (nach seinem Tod) vergöttlicht wurde (Gott der Milde). Dieser Tempel wurde schon 29 v. Chr. von Caesars Adoptivsohn Oktavian, dem späteren Kaiser Augustus, eingeweiht.

■ **Tempel der Vesta und Haus der Vestalinnen**: Im runden Vestatempel, dessen erster Bau auf die Ursprünge des Forums zurückging, befand sich das heilige römische Feuer, das immer brennen musste. Dafür waren die Vestapriesterinnen (übrigens die einzigen Priesterinnen Roms), die *Vestalinnen,* zuständig, die im Gebäude nebenan wohnten. Ließ eine Vestalin das Feuer ausgehen, wurde sie lebendig eingemauert.

■ **Maxentiusbasilika**: Der riesige Hallenbau wurde vom selbsternannten, aber nie offiziell anerkannten Kaiser Maxentius begonnen, nach seinem Tod (312) von Kaiser Konstantin zu Ende gebracht. Bemerkenswert sind die Gewölbe mit der Kassettendecke.

■ **Titusbogen**: 70 n. Chr. schlug Kaiser Titus den Aufstand in Judäa nieder und eroberte Jerusalem. Sein Bruder Domitian ließ ihm zu Ehren diesen Bogen errichten, der mit griechischem Marmor verkleidet wurde. An einer Wand des Durchgangs sieht man, wie römische Soldaten den siebenarmigen Leuchter aus dem Jerusalemer Tempel beim Triumphzug mittragen.

Die ■ **Via Sacra**, die sich mitten durchs ganze Forum zieht, war auch die letzte Wegstrecke der Triumphzüge auf dem Weg zum Kapitol.

 # Palatin

Auf dem Palatin wurde der Legende nach Rom gegründet, und Romulus soll dort gewohnt haben. Deshalb kann man verstehen, dass die vornehmsten Römer ihre Domus gern auf dem Palatin bauten, wie Cicero oder Marcus Antonius. Im Lauf der Kaiserzeit wurde der Palatin immer mehr zu einem Komplex mit verschiedenen Häusern und Gärten, die den Kaisern vorbehalten waren. Während der Renaissance machte die Familie Farnese einen Garten aus dem Palatin. Die nächsten Jahrhunderte hindurch wurde sehr intensiv ausgegraben, teilweise ist man damit immer noch nicht fertig (Museum). Heutzutage ist der Palatin ein recht ruhiges Plätzchen. Man kann unter einen Baum sitzen und die Ruinen von verschiedenen Kaiserpalästen anschauen.

*Geöffnet von 8.30 Uhr bis eine Stunde vor Sonnenuntergang / Eintritt 12 €, ermäßigt 7,50 € (auch für Forum und Kolosseum) / Via di San Gregorio 30 / Metro B: Colosseo; Bus: 60, 75, 84, 85, 87, 117, 175, 186, 271, 571, 810, 850*

 # Pantheon

Pantheon mit Obelisk

Das Pantheon ist das vollkommenste Gebäude der römischen Baukunst. Es wurde unter Kaiser Hadrian neu gebaut, nachdem der Tempel aus augusteischer Zeit abgebrannt war. Der Name besteht aus zwei griechischen Wörtern: *Pan* (alle) und *Theos* (Gott). Das Pantheon ist also ein Tempel, der allen Göttern gewidmet ist. Dieses Gebäude ist heute noch so gut erhalten, weil es im 7. Jahrhundert zu einer christlichen Kirche umfunktioniert wurde. Deshalb wurde das Pantheon im Mittelalter nicht ausgeraubt, wie es beim Kolosseum der Fall war. Die Besonderheit des Pantheons besteht aber in seiner Form: Im Innenraum hätte eine Kugel von exakt 43,30 m Durchmesser Platz. Was das Pantheon

Ein Meisterwerk der antiken Baukunst: Kuppel des Pantheons

Mo–Sa geöffnet 8.30–19.30 Uhr, So 9–18 Uhr / Eintritt frei / Piazza della Rotonda / Bus: 116; bis Largo Argentina: 30, 40, 46, 62, 63, 64, 70, 81, 87, 119, 130, 186, 190, 492, 571, 628, 810, 916 / rollstuhlgerecht

aber wirklich einzigartig macht, ist die Kuppel: Sie besteht aus römischem (schnell trocknendem, steinhaltigem) Beton und gehört immer noch zu den größten Kuppeln der Welt. Auf der Innenseite befinden sich fünf Ringe mit quadratisch wirkenden Vertiefungen, eine sog. Kassettendecke. Der dekorative Effekt dieser Vertiefungen ist aber bloß eine Zweitfunktion: Sie lassen die Kuppel primär leichter werden, denn ohne diesen „Trick" würde die Konstruktion einstürzen. Das Loch im Scheitelpunkt der Kuppel ist keine architektonische Spielerei, sondern eine Notwendigkeit: Mit dem römischen Zement kann man die Kuppel nicht schließen. Dadurch gelangen zwei Sachen ins Pantheon hinein: erstens Licht und zweitens Regen. Für das Regenwasser gibt es auch ein Abflusssystem.

Der Boden darf nicht unerwähnt bleiben, es handelt sich noch um den originalen Marmor der Kaiserzeit und dementsprechend um einen der prunkvollsten Fußböden der Weltgeschichte. Das Pantheon ist ein architektonisches Meisterwerk, das den römischen Ingenieuren aber bestimmt manche schlaflose Nacht beschert hat.

# Spanische Treppe

135 Stufen bilden die berühmteste, prächtige Treppe Roms, die 1725 von Papst Benedikt XIII. eingeweiht wurde. Sie diente ursprünglich dazu, die spanische Botschaft mit der Kirche Trinità dei Monti zu verbinden. Heutzutage darf man auf den Stufen sitzen, Eis essen und Musik machen. Besonders eindrucksvoll ist die Treppe, wenn sie im Frühjahr mit Blumen geschmückt wird. Man sollte auch einen Blick auf den Brunnen vor der Treppe werfen. Die Römer nennen ihn *barcaccia*, Barkasse. Der Brunnen erinnert angeblich an ein Hochwasser, das ein Tiberboot bis vor die Spanische Treppe schwemmte.

*Metro A: Spagna*

Immer einladend:
die Spanische Treppe

## ■ Piazza Navona

Die malerische Piazza Navona mit Bernini-Brunnen und Obelisk (rechts)

Die Form der Piazza Navona ist die des antiken Stadions von Kaiser Domitian. Dort wurden sportliche Wettkämpfe veranstaltet, die der heutigen Leichtathletik sehr ähnlich waren. Jetzt ist die Piazza Navona einer der schönsten Plätze Roms, nicht zuletzt wegen des Vierströmebrunnens in der Mitte des Platzes. Dargestellt sind: der Nil, der sein Gesicht versteckt, der „glatzköpfige" Rio de la Plata, der Ganges mit dem Stab in der Hand und die Donau. Die vier Flüsse sind Symbole für die entsprechenden Kontinente. Dieser Brunnen ist ein Werk des berühmten Barockkünstlers Bernini.

*Bus: C3, 116, 30, 70, 81, 130, 186, 492, 628, 46, 64*

# Obelisken

Der größte und an Hieroglyphen reichste Obelisk steht vor dem Lateran und ist 32 m hoch, den imposantesten Unterbau (von Gian Lorenzo Bernini) besitzt der auf der Piazza Navona, der kleinste Obelisk (mit Hieroglyphen) steht auf dem berühmten Marmorelefanten (ebenfalls von Bernini) hinter dem Pantheon. Rom ist in der Tat eine Obelisken-Stadt: Ganze 13 Obelisken sind hier aufgestellt – im Rest der Welt sind es nur 15, davon nicht mehr als 6 in Ägypten! Bei den vielen anderen Sehenswürdigkeiten Roms gehen sie leider unter, obwohl diese ägyptischen „Bratspieße" (Wortbedeutung von „Obelisk") meist weithin sichtbar sind. Obelisk ist eigentlich ein griechisches Wort; bei den Ägyptern hieß er *tekhenu*. Nicht alle Hieroglyphen auf den Obelisken sind übrigens echt ägyptisch: Die auf dem Obelisk der Piazza Navona ließ Kaiser Domitian um 90 n.Chr. anfertigen, um sich selbst zu verherrlichen.

Die Obelisken waren ursprünglich alle Monolithen, das heißt aus einem einzigen Steinblock herausgehauen. Manche von ihnen zerbrachen später allerdings und wurden wieder zusammengesetzt. Die Technik, die die Ägypter schon vor 4.000 Jahren zur Gewinnung angewendet hatten, war zwar effektiv, aber auch extrem aufwändig. Die Obelisken wurden so weit wie möglich schon am Oberlauf des Nils bei Assuan zugehauen, damit so wenig Gewicht wie möglich transportiert werden musste. Trotzdem waren sie zwischen 200 und 500 Tonnen schwer, was erklärt, warum ihr Transport und die Aufstellung soviel Mühe bereitete: Die Granitsteinbrüche südöstlich von Assuan waren beispielsweise 1500 km

vom Meer entfernt. Deshalb musste dieser Teil der Reise auf einer großen Nilbarke zurückgelegt werden. Am Mittelmeer angekommen wurden die Steinnadeln, die im alten Ägypten die Strahlen des Sonnengottes darstellten, auf eigens gebaute Schiffe verladen und an die Küste bei Ostia gefahren, dort erneut umgeladen und (vermutlich) auf Barken den Tiber hinaufgezogen. All diese Schwierigkeiten hielten die römischen Kaiser jedoch nicht davon ab, ein Dutzend Obelisken nach Rom bringen zu lassen, um mit ihnen ihre Herrschaft über die ganze Welt deutlich zu machen.

Manche wurden auf die Trennwände in der Mitte der Stadien (Spina) für Wagenrennen gesetzt, darunter auch der Obelisk, der sich heute nur wenige Dutzend Meter von seinem altrömischen Standort entfernt befindet, nämlich auf dem Petersplatz. Er stand anderthalb Jahrtausende an seinem Platz mitten im Circus des Nero und ist daher auch der einzige, der intakt geblieben ist.

Der einzige Obelisk, der je wieder in seine Heimat zurückkehrte, ist eigentlich gar keiner: Es handelt sich um die Stele von Axum, die der Duce Benito Mussolini (für den nebenbei ein eigener Obelisk aus italienischem Marmor geschaffen wurde, den es heute noch gibt) 1937 aus Äthiopien nach Rom brachte. 2008 wurde sie wieder am Originalstandort in Axum aufgestellt.

Übrigens: Auf dem berühmten Bild *Goethe in der römischen Campagna* sitzt der Dichterfürst auf den Trümmern eines umgestürzten Obelisken …

 # Circus Maximus

Heute ist vom Circus Maximus nicht mehr viel übrig, nur die Form ist erhalten geblieben. Während der Kaiserzeit wurden hier Pferderennen veranstaltet. Der Circus Maximus war das größte öffentliche Gebäude Roms, sage und schreibe 250.000 Leute hatten darin Platz. Heutzutage werden hier große Events veranstaltet, ansonsten wird der Circus Maximus fürs Joggen und Gassi gehen geschätzt.

*Metro B: Circo Massimo;*
*Bus: C3, 81, 160, 628*

 # Bocca della Verità

Im Mittelalter kam die Legende auf, dass diese Marmorscheibe Lügen erkennen kann. Dafür muss man die Hand in den Mund des bärtigen Steingesichts stecken, und wenn man dabei lügt, wird die Hand abgebissen. Wozu die Bocca della Verità (Mund der Wahrheit) in der Römerzeit benutzt wurde, ist immer noch unklar, wahrscheinlich war sie ein Gullydeckel.

Circus Maximus mit Palatin im Hintergrund

*Piazza Bocca della Verità – Metro B: Circo Massimo; Bus: 95, 160, 170, 44, 716, 781*

 # Spaziergang Aventin – Trastevere

*Von nachmittäglicher Stille ins pulsierende Night-life*

Wir beginnen im letzten Eckchen des Aventinhügels, auf der Piazza dei Cavalieri di Malta, beim weltberühmten ■ **Schlüsselloch** am Tor zum Hauptquartier der Malteserritter: Grün umrahmt sieht man von hier die Peterskuppel in ihrer ganzen Schönheit. Zur Hauptreisezeit ist

Blick aus dem Giardino degli Aranci

Warten nicht zu vermeiden. Gegenüber befindet sich übrigens der Komplex von Sant'Anselmo, Sitz des Benediktinerordens.

Ca. 150 m in nordöstlicher Richtung, an der Via di ■ **S. Sabina** liegt an einem lauschigen Plätzchen die gleichnamige Kirche. Für diese eindrucksvolle Basilika (schon im 5. Jahrhundert erbaut) wurden für die Unterteilung zwischen Mittelschiff und Seitenschiffen 24 altrömische Säulen aus einem nahegelegenen Junotempel wiederverwendet. Der Bau wurde mehrfach umgestaltet, diente nach 1870 eine Zeit lang sogar als Lazarett und wurde erst im 20. Jahrhundert wieder von allen möglichen Hinzufügungen befreit. Bemerkenswert ist nicht zuletzt die aus Zypressenholz geschnitzte Tür am Eingang (ebenfalls aus dem 5. Jahrhundert).

Kurz darauf erreicht man den ■ **Giardino degli Aranci** (Orangengarten) mit wunderbarem Baumbestand und großem Brunnen. Vor allem hat man von der Aussichtsterrasse einen wunderbaren Blick über die Stadt.

Nun geht man die Straße hinunter und weiter in die Via di Valle Murcia, die zwei Hälften eines

Herkulestempel

■ **Rosengartens** teilt, der mit über 1000 Rosenarten in der Blütezeit im Frühjahr einen Abstecher lohnt, und kommt zu einem Aussichtspunkt mit Blick auf den ■ **Circus Maximus** und die Rückseite des Palatins. Die Architektur des Riesenzirkus (S. 32), in dem vor allem Wagenrennen stattfanden, ist nur noch zu erahnen, aber die Römer nutzen jetzt den freien Raum immer noch sportlich zum Joggen und Spazierengehen.

Weiter geht's in Richtung Tiber, bis man rechterhand ■ **S. Maria in Cosmedin** erreicht, die heute von griechisch-melkitischen Priestern betreut wird. Der Name „Cosmedin" kommt übrigens vom Griechischen *kosmidion* = Verzierung, wobei das Kircheninnere längst nicht so geschmückt ist wie viele andere Kirchen in Rom. Hier sollte man vor allem nach unten schauen, denn der Cosmaten-Fußboden ist einer der schönsten seiner Art. Die meisten Touristen kommen allerdings nur wegen der ■ **Bocca della Verità** (Mund der Wahrheit) hierher: einer großen Marmorscheibe mit Gesicht und offenem Mund, der – so die Sage – zuschnappt, wenn ein Lügner die Hand hineinlegt. Dabei handelt es sich wohl nur um einen altrömischen Gullydeckel.Wenn die Schlange nicht zu lang ist, kann man sich dort fotografisch verewigen lassen. Beim Weggehen nochmal zur Kirche mit ihrem hübschen romanischen Glockenturm (12. Jahrhundert) zurückschauen!

Bocca della Verità

Man nimmt die etwas ansteigende Straße zum Tiber (rechts ist der kleine runde ■ **Herkulestempel** zu sehen) bis zum Anfang der nächsten Brücke (Ponte Palatino). Im Tiber stehen die Überreste des ■ **Ponte Rotto**, der in der Tat seit über 400 Jahren kaputt (*rotto*) ist; gleich dahinter liegt die

Siesta auf der Tiberinsel

Synagoge am Lungotevere

Tiberinsel, auf die man nun hoch über dem Tiberufer zugeht.

Rechter Hand fängt das jüdische Viertel an. Juden hatten es unter päpstlicher Herrschaft nicht immer einfach (Zwangspredigten in Kirchen, Abgaben u.a.), aber sie konnten in der Stadt meistens in Frieden leben. Die Bezeichnung ■ **Ghetto** stammt zwar aus Venedig, dieses römische Viertel heißt jedoch auch seit Menschengedenken so. Die ■ **Synagoge** (etwas weiter vorne am Lungotevere) erkennt man u.a. daran, dass sie rund um die Uhr bewacht wird. Geht man ins Ghetto hinein, trifft man auf der Piazza Mattei auf den eigentümlichen ■ **Schildkrötenbrunnen.**

Über die Fußgängerbrücke Ponte Fabricio erreicht man das Herz der ■ **Tiberinsel.** In der Römerzeit befand sich hier ein wichtiger Tempel des Gottes Äskulap, der für die Gesundheit zuständig war, und viele Freie und Sklaven kamen hierher, um gesund zu werden. Das große Krankenhaus ist noch heute in Betrieb, und viele, auch prominente, Römerinnen bringen hier ihre Kinder zur Welt. Am anderen Ende des Plätzchens liegt die Kirche ■ **San Bartolomeo all'Isola**; darin steht noch der altrömische Brunnen, dessen Wasser angeblich heilende Eigenschaften besaß. Die Kirche ließ übrigens der deutsche Kaiser Otto III. 998 errichten. Die Tiberinsel ist für (gesunde) Römer und Besucher vor allem im Sommer wichtig, weil dort zahlreiche Veranstaltungen, Musik-Events, Kinovorführungen u.a. in toller Atmosphäre stattfinden. Über den Ponte Cestio geht's dann auf dem anderen Ufer direkt nach ■ **Trastevere.** An einem schönen Spätnachmittag durch die Gassen zu schlendern, ist schon an sich ein schönes Erlebnis. Braucht man jetzt was Kleines zum Essen, macht man einen Schlenker bis in die Via Cardinale Marmaggi, wo *Baciamo le Mani* mit seinen sizilianischen Spezialitäten sogar der Prüfung durch echte Sizilianer standhält.

Die letzte Sehenswürdigkeit auf dem Spaziergang wäre ■ **Santa Maria in Trastevere** am gleichnamigen Platz. Ein Besuch lohnt sich vor allem wegen der mittelalterlichen Mosaiken in der Apsis (u.a. von Pietro Cavallini, 13. Jahrhundert).

Schildkrötenbrunnen auf der Piazza Mattei

Wenn man jetzt endgültig Hunger bekommen hat, sucht man sich eine Pizzeria (z.B. *I Marmi, La Fraschetta*) oder begibt sich zum Aperitif in die Bar *Freni e Frizioni*. Treffpunkt (nicht nur) des Viertels ist die Piazza Trilussa, auf der an manchen Abenden nicht mal mehr ein Stehplatz zu haben ist.

# Il Ghetto

„Il Ghetto" ist in Rom zuerst die Bezeichnung des Viertels hinter der Synagoge und deshalb nicht von vornherein negativ besetzt. Juden waren in Rom schon vor 2000 Jahren heimisch. Papst Paul IV. kam 1555 auf die Idee, den Juden Roms alle Rechte abzusprechen und ein „Judenserail" einzurichten. Frauen und Männer mussten ein besonderes Kleidungsstück tragen, das sie als Juden kennzeichnete. Das Viertel wurde ummauert und mit nur zwei Toren versehen, die abends zu- und morgens wieder aufgeschlossen wurden. Die Zahl der Tore wurde im Laufe der Zeit auf acht erweitert.

Anfang des 19. Jahrhunderts bekam die jüdische Bevölkerung wieder mehr Rechte, allerdings nur für einige Jahre. 1848 wurde die Mauer um das Ghetto geschleift; die Juden mussten jedoch dort wohnen bleiben. Eine große Veränderung ergab sich mit der Eingliederung Roms in das junge italienische Reich (1870), denn die Juden bekamen endlich alle Bürgerrechte. Es folgten umfassende Sanierungsarbeiten im Viertel, die einerseits Kanalisation und Licht brachten, andererseits viele der typischen Gässchen für immer verschwinden ließen. 1904 wurde die große Synagoge eingeweiht, deren Ausstattung sich an assyrisch-babylonischen Vorbildern und am Jugendstil

orientierte. Papst Johannes Paul II. besuchte sie 1986, Benedikt XVI. 2010.

Am 16. Oktober 1944 umstellten die Nazis das Ghetto, durchsuchten das Viertel und deportierten 1022 Juden, darunter 200 Kinder. Der Zug mit den Deportierten verließ Rom am 18. Oktober und erreichte vier Tage später Auschwitz (eine Tafel im Bahnhof Tiburtina erinnert daran). Nur 17 der Gefangenen kamen aus dem KZ zurück: 16 Männer und eine Frau – kein einziges Kind. Eine sehr eindrucksvolle, da relativ zeitnahe, wenn auch manchmal filmisch verzerrte Schilderung der Ereignisse in den Wochen vor der Deportation liefert der Film „L'Oro di Roma" von 1961.

Die jüdische Gemeinschaft lebt nach wie vor (oder wieder) gerne in „ihrem" Viertel, denn man kennt einander, es gibt eine gute Schule für die Kinder, und das Ghetto hat einfach Flair. Das haben auch zahlreiche andere Römer bemerkt, die trotz hoher Miet- und Kaufpreise hierhergezogen sind. Wer gern koscher isst, wird auch schnell fündig: vom traditionell römischen zum Trendlokal in mehreren Variationen.

##  Fontana di Trevi

Die Fontana di Trevi ist der größte Brunnen Roms und einer der berühmtesten der Welt. Sie bietet ein einmaliges Wasserschauspiel an der gesamten Häuserwand. In der Mitte sieht man den Meeresgott Oceanus auf einem Wagen, der von mythischen Seepferden gezogen wird. Wenn man eine Münze in den Brunnen wirft, kann man davon ausgehen, dass man noch einmal nach Rom kommen wird. Die Münze, so besagt es die römische Tradition, muss aber über den Rücken nach hinten geworfen werden.

 # Innenstadttour

*Ein Spaziergang zwischen Antike und Barock*

Der Spaziergang beginnt an einer der höchsten Stellen Roms: dem ■ **Quirinalsplatz**, im Nordosten abgeschlossen vom riesigen Quirinalspalast: kurz nach 1600 von Päpsten erbaut, Wohnung der italienischen Könige ab 1870 und heute Residenz des Staatspräsidenten. Auf der gegenüberliegenden Seite befanden sich einst die Stallungen, vor ein paar Jahrzehnten zu Ausstellungsräumen umgebaut (S. 110). Die beiden marmornen Herren beim Brunnen auf dem weiten Quirinalsplatz sind die „Dioskuren" genannten Söhne des Zeus, Castor und Pollux. Durch die Salita di Montecavallo und die Via della Dataria geht es steil hinunter, dann nach rechts (Via di San Vincenzo), um zum ■ **Trevi-Brunnen** zu kommen (Vorsicht, Taschendiebe!). Folgt man der Via delle Muratte, erreicht man bald die ■ **Via del Corso.** Shopping-Fans biegen am besten nach rechts ab und werden in den vielen Läden bis zur Piazza del Popolo bestimmt fündig.

Fontana di Trevi

Der Elefant von Bernini auf der Piazza della Minerva trägt einen der vielen Obelisken Roms

Wenn man den Corso hingegen einfach überquert, steht man bald an der ● **Piazza di Pietra,** deren Südseite ganz aus den Überresten eines Neptuntempels besteht, in dem später die Zollbehörde und noch später sowohl die völlig unbedeutende römische Börse als auch die Handelskammer Platz fanden. Biegt man noch vor der Piazza nach links ab, kommt man durch die Via de Burrò (richtig: Der Name stammt vom Wort „Büro") zur ● **Piazza Sant'Ignazio;** sie wurde vom barocken Architekten wie eine Bühne mit Kulissen konzipiert, die von der Kirchenfassade (die „falsche" Kuppel im Innern nicht verpassen!) beherrscht wird.

Etwas düster ist die Via del Seminario, die allerdings zu einem echten Highlight führt: dem ● **Pantheon** (S. 27). Da es eigentlich jetzt Zeit ist für eine Kaffeepause, orientiert man sich zur Tazza d'Oro (am Anfang der Piazza einfach zwanzig Schritte nach rechts), oder man schaut sich noch das Pantheon an und geht dann zur Piazza Sant'Eustachio.

Der Spaziergang führt nun am Sitz des Italienischen Senats Palazzo Madama entlang; man überquert Corso Rinascimento und steht plötzlich auf der langen ● **Piazza Navona** – besonders bei schönem Wetter ein einzigartiger Eindruck (S. 30). Das große helle Gebäude an der südwestlichen Ecke ist die Botschaft von Brasilien; die kleine Gasse links davon bringt uns zur  **Piazza di Pasquino,** dessen Statue wir gleich links mit ihren vielen Zetteln bestaunen können. Pasquino ist eine Institution: Wer – möglichst in Versform – etwas gegen die Großen und Mächtigen zu sagen hat, bringt es zu Papier und klebt es an die Statue. Diesen Brauch gibt es schon sehr lange, und oft sind die Texte witzig, bissig, einfach gut.

Auf der Via del Governo Vecchio (einfach geradeaus) ist Tag und Nacht was los. Wir gehen sie bis zur Piazza dell'Orologio und biegen dann rechts ab zur Via di Panico (Akzent liegt auf dem „i", der Name hat also nichts mit Panik zu tun, sondern mit Brotkrumen pickenden Vögeln), denn nun haben wir die ■ **Engelsbrücke** im Visier. Wenn die (zumeist illegalen) Händler nicht alles in Beschlag genommen haben, kann man die Aussicht auf den Petersdom genießen und sich etwas ausruhen, um den Spaziergang mit einer Besichtigung der ■ **Engelsburg** (S. 62) abzuschließen.

Wache vor dem Quirinalspalast

 # San Clemente

*Ein begehbares Geschichtsbuch*

Diese Kirche in der Nähe des Kolosseums ist ein ganz besonderer Fall: Drei verschiedene Epochen sind auf einen Schlag sichtbar. Die „Oberkirche" mischt Barock mit Mittelalter. Besonders bemerkenswert sind der Fußboden und das in Gold strahlende Apsismosaik mit vielen Pflanzenranken voller Blumen und Vögel. Eine kleine Treppe führt in die „Unterkirche", die mit mittelalterlichen Fresken ausgemalt ist. Dann geht man noch tiefer hinunter und kann ein rö-

*Geöffnet Mo–Sa 9.00–12.30 Uhr / 15.00–18.00 Uhr, So und Feiertage 12.00–18.00 Uhr, Untergeschosse über Mittag geschlossen und So erst ab 12 Uhr geöffnet / Eintritt Ausgrabungen 5 €, ermäßigt 3,50 € / Via Labicana 95 / Bus: C3, 85, 87, 117, 186, 571, 810, 850 / www.basilicasanclemente.com/ nicht rollstuhlgerecht*

Oberkirche von
San Clemente

misches Mithräum sehen. Dort wurde der per-
sische Gott Mithras verehrt. Auf dem Altar sieht
man, wie diese Gottheit einen Stier tötet. Der
Mithraskult war vor allem unter den römischen
Soldaten weit verbreitet.

#  Ara Pacis

*Das Meisterwerk der Propaganda des Augustus*

Augustus kam gerade von einer langen Reise aus Gallien und Iberien zurück. Er hatte „Frieden" in die beiden Provinzen gebracht (das heißt: Aufständische unterworfen). Was erwartete ihn in Rom? Der Senat machte ihm ein Geschenk: Er hatte einen Altar in Auftrag gegeben, der an den „augusteischen Frieden" erinnern sollte. Es war ja nicht irgendein Frieden, sondern die legendäre *Pax Romana*. Würde man einen antiken Römer nach einer Definition fragen, bekäme man die Antwort: „Pax Romana bedeutet: Wenn du dich den Gesetzen Roms unterwirfst, passiert dir nichts; wenn du es nicht tust, kommen unsere Legionen und hauen alles kurz und klein." Das ganze Monument sollte genauso politische Aussage wie Kunstwerk sein. Da die Ara Pacis ein Friedensaltar ist, sieht man keine Kriegsszenen, sondern blühende Ranken und andere Pflanzen auf der unteren Hälfte des Altars, die für das kommende „Goldene Zeitalter" (*aurea aetas*) stehen. Die obere Hälfte zeigt Prozessionen mit der Kaiserfamilie, mythologische Szenen (u.a. die Wölfin mit Romulus und Remus) und Gottheiten. Wie die meisten Marmordenkmäler der Antike war auch die Ara Pacis mit leuchtenden Farben bemalt.

Ein Friedensaltar?

Das Gebäude, in dem die Ara Pacis jetzt untergebracht ist, war lange Zeit Streitthema Num-

*Di–So geöffnet 9–19 Uhr /
Eintritt 8,50 €, ermäßigt
6,50 € / Lungotevere in
Augusta / Bus: 224, 913*

mer eins in Rom. Der frühere, kleinere gläserne Kubus aus faschistischer Zeit wurde abgerissen, um dem jetzigen von Architekt Richard Meyer gestalteten Bau Platz zu machen. Die Ansichten darüber bleiben geteilt.

# San Giovanni in Laterano

Gewaltige Statuen bekrönen der Fassade der Lateranskirche

Ist nicht der Petersdom der Bischofssitz des Papstes? Nein! Die eigentliche „Cathedra" befindet sich in der Lateranbasilika. Die *Cathedra Petri* im Petersdom ist etwas ganz anderes. Jedenfalls ist der Lateran die römische Bischofskirche, und nur der Papst ist Bischof von Rom. Deshalb muss diese Kirche auch etwas Besonderes sein. Oft wurde sie renoviert, restauriert und umgestaltet. Von der frühchristlichen Kirche ist leider nur noch sehr wenig übrig. Dafür sieht man heute die barocke Hauptfassade, die Kassettendecke im Mittelschiff aus der Renaissance und schließlich die wunderbaren Kosmatenarbeiten aus bunten Marmorstücken als Fußboden. Das eigentliche Schmuckstück des ganzen Komplexes ist aber der mittelalterliche Kreuzgang: Sogar die Säulen sind aufwändig und reich gestaltet.

Abschließend noch eine makabre Geschichte: In der Laterankirche lief 897 der Prozess gegen Papst Formosus. Wo lag der Haken? Nicht in der Tatsache, dass es schon heftig ist, einem Papst den Prozess zu machen. Es war noch komplizierter: Papst Formosus war schon tot! Er (beziehungsweise seine Leiche) wurde schuldig gesprochen und daraufhin in den Tiber geworfen. Sehr mittelalterlich!

*Täglich geöffnet 7–18.30 Uhr / Eintritt Kreuzgang 2 € / Piazza di San Giovanni / Metro A: San Giovanni; Bus: 186, 218, 665, 850, 16, 81, 85, 87, 571, 650*

# San Paolo fuori le Mura (St. Paul vor den Mauern)

Es ist nicht alles Gold, was glänzt, sagt das Sprichwort. San Paolo glänzt sehr, aber es fehlt an geschichtlicher Substanz, weil diese Kirche 1823 fast völlig abbrannte und anschließend neu aufgebaut werden musste. Erst 1928 waren die Bauarbeiten abgeschlossen. Die wichtigsten Gründe für die Besichtigung dieser Kirche, die zu den sieben Hauptkirchen Roms gehört, sind

*Täglich geöffnet 7.00–18.30 Uhr / Eintritt Kreuzgang 4 €, ab Gruppengröße von 10 Personen 2 € / Via Ostiense 190 / Metro B: San Paolo; Bus: C6, 128, 271*

Das riesige Mittelschiff von San Paolo

das beeindruckende fünfschiffige Innere, der Kreuzgang mit seinen sonderbaren Säulen und die Mosaikporträts aller Päpste. Da veranstaltet man fast zwangsläufig eine Schnitzeljagd nach dem aktuellen Papstbild. Wer es zuerst findet, darf danach auf den ausgedehnten Grünflächen neben der Kirche ausruhen.

Bild Benedikts XVI., des letzten deutschen Papstes

 **Caracalla-Thermen**

*Einer der vielen Orte der Erfrischung*

Selbst als Ruinen imposant: Caracalla-Thermen

Wie der Name schon verrät, wurde diese Thermenanlage von Kaiser Caracalla um 215 n. Chr. erbaut. Es wird geschätzt, dass um die 2000 Leute darin Platz fanden. Der Thermenbesuch war ein wichtiger Bestandteil des antiken Lebens, da man dabei nicht nur die Körperhygiene pflegte, sondern mit Freunden und Bekannten auch die Ereignisse des Tages diskutierte. Außerdem konnte man Sport treiben (hauptsächlich Laufen, Gewichtheben und Ringen) und sich die Haare bzw. den Bart schneiden lassen. Jede Thermenanlage besaß je einen Bereich mit kaltem, lauwarmem und heißem Wasser, außerdem Ruheräume und Sportareale. Bemerkenswert an den Caracalla-Thermen ist das Heizungssystem, *Hypocaustum* genannt: Unter den Fußböden lief heiße Luft durch, die dann durch Tonrohre auch die Mauern entlang geleitet wurde. Es wurde sogar eine Gebetsstätte zu Ehren des Gottes Mithras eingerichtet, die zurzeit restauriert wird. Besonders schön sind die Opernaufführungen im Sommer, die vor der Kulisse der Thermenruinen veranstaltet werden.

*Täglich geöffnet von 9 Uhr bis eine Stunde vor Sonnenuntergang / Eintritt 7 €, ermäßigt 4 € / Viale delle Terme di Caracalla 52 / Metro B: Circo Massimo; Bus: 160, 118, 628*

# Katakomben

*Kein Versteck während der Verfolgungen,
sondern amtlich bekannte und geschützte
Begräbnisstätten*

Katakomben gehören zu Rom wie Höfe zu
Berlin, sie sind nur viel älter, denn es handelt
sich um die unterirdischen Friedhöfe des 2.–5.
Jahrhunderts n. Chr. Manche der Anlagen waren
riesengroß (die Gänge der Calixtus-Katakombe
z.B. sollen insgesamt 20 km lang sein), zuweilen
gingen sie sogar ineinander über. Aus hygieni-
schen Gründen durften die Toten nicht innerhalb
der Stadtmauern beigesetzt werden. Deshalb
lagen die Friedhöfe an den Ausfallstraßen. Und
warum unter der Erde? Weil die Grundstücke in
Rom sehr teuer waren, der Untergrund jedoch
nicht, und da die Christen keine Feuerbestat-

Hauptkorridor mit Gräbern
im unteren Stockwerk der
Priscilla-Katakombe

tungen vornahmen, brauchte
man viel Platz. Die Beschaf-
fenheit des Bodens (weicher
Vulkantuff, aus dem auch
Baumaterial gewonnen wurde)
machte glücklicherweise das
Graben leichter. Leider nicht
zu besichtigen sind die unterirdischen römischen Tuffbrüche
mit z.T. riesigen unterirdischen
Hallen, die noch im vergangenen Jahrhundert zur Pilzzucht
verwendet wurden.

Man hielt sich in den Ka-
takomben nicht länger auf als
unbedingt nötig, denn die Luft
war schlecht, und wahrscheinlich stank es. An Jahrestagen
wurden Feierlichkeiten an bestimmten Gräbern abgehalten,
aber als Versteck dienten sie

sicherlich nie. Dafür waren die Anlagen zu groß und die Eingänge zu bekannt. Im Mittelalter wurden die Katakomben aufgegeben und verfielen. Seit ca. 200 Jahren werden sie systematisch ausgegraben. Man nimmt an, dass noch viele Gänge unentdeckt sind.

Katakomben sind übrigens weder eine römische noch eine christliche Besonderheit: In Rom wurden mehrere jüdische Katakomben ausgegraben, und in Neapel gibt es ebenfalls große Katakombenanlagen.

Zur Besichtigung empfiehlt sich eine der an der Via Appia Antica gelegenen Katakomben; so kann man den Besuch mit einem Spaziergang auf dieser einzigartigen Straße kombinieren.

Katakombe Santi Pietro e Marcellino: Cubiculum der Jahreszeiten

■ **Domitilla-Katakomben**: Das Gelände wurde schon vor der Zeitwende als Friedhof genutzt. Die Anlage erstreckt sich auf vier Ebenen, wobei die höchste Ebene auch die älteste ist (erst wenn auf einer höheren Ebene kein Platz mehr war, wurde tiefer gegraben). Besonders schön sind das (ursprünglich heidnische) Ipogeo dei Flavi und die Kirche Santi Nereo ed Achilleo.

*Via delle Sette Chiese 280; Bus: 218*

■ **Calixtus-Katakombe**: Über 50 Märtyrer und 16 Päpste wurden hier beerdigt. Die größeren Grüfte dienten angesehenen Familien als Grabstätte. Hier sind einige der ältesten Katakombenfresken zu sehen.

*Via Appia Antica 110; Bus: 118*

■ **Katakombe San Sebastiano:** Eine der wenigen Anlagen, die im Mittelalter nicht in Vergessenheit gerieten. An einer Wand wurden Hunderte von Graffiti mit Bitten an die heiligen Peter und Paul gefunden. Man nimmt an, dass ihre Leichname eine Zeit lang hier ruhten.

*Via Appia Antica 136; Bus: 118*

 # Via Appia Antica

*Die Autobahn der Antike*
*für das wirkliche „antik-römische" Feeling …*

Der Bau der „Königin aller römischen Straßen"
(*regina viarum*) wurde schon im 4. Jahrhundert
v. Chr. begonnen und um ca. 200 v. Chr. abgeschlossen. Sie reichte vom Süden der Stadt bis
zur Hafenstadt Brindisi im heutigen Apulien,
war also über 500 km lang. Diese bekannteste
aller römischen Ausfallstraßen war von Anfang
an für die Ewigkeit gebaut und eine wahre Meis-
terleistung der römischen Ingenieure, denn sie

Wagenrillen im antiken
Straßenpflaster

war u.a. bei jedem Wetter in
beiden Richtungen befahrbar,
da breit genug (14 römische
Fuß = ca. 4,1 m) und mit einem
Ablaufsystem fürs Regenwasser
ausgestattet. Sie war natürlich
auch für die rasche Verlegung
römischer Legionen wichtig. Sie
brauchten für die ganze Strecke
knappe zwei Wochen. Übri-

gens wurden auf der Via Appia zum ersten Mal Meilensteine aufgestellt. Nach dem Niedergang des Römischen Reiches verfiel die Via Appia.

Der schönste Teil liegt heute zwischen dem großen runden Grabmal der Cecilia Metella und dem Autobahnring um die Stadt. Es lohnt sich also, sich vom Bus bis hierher fahren zu lassen und zu Fuß weiterzugehen. Die besten Besuchszeiten sind am Vormittag und kurz vor Sonnenuntergang, weil dann die Farben am Besten zur Geltung kommen. Es sind auch längere Abschnitte antiker Wasserleitungen zu sehen.

Einen Abstecher lohnt die Villa dei Quintili (Zutritt am Samstag und an Feiertagen auch von Via Appia Antica 280, sonst nur von Via Appia Nuova 1092), in der im 2. Jahrhundert sogar Kaiser Commodus residierte, weil er die Landluft und die Thermenanlagen schätzte. Dass er dafür die rechtmäßigen Besitzer umbringen ließ, ist wohl Legende …

Turmruine an der Appia Antica

# Vatikan und Engelsburg

# Via della Conciliazione — von der Engelsburg zum Petersplatz

Jede Stadt hat ihre Prachtstraße. In Rom teilt sich die Via della Conciliazione diesen Titel mit der Via dei Fori Imperiali. Beide sind noch recht jung, gerade mal 90 Jahre alt. Die Via della Conciliazione war einer der letzten großen Eingriffe in das römische Stadtbild, denn wo jetzt auf mehreren Spuren Autos, Busse und Motorini rasen, standen in den 20er Jahren noch Häuser. Mussolini ließ diese Straße bauen; der Name „Conciliazione" (Versöhnung) bezieht sich auf den Pakt zwischen Vatikan und Italien, der das Verhältnis zwischen Kirche und Staat endgültig regelte. Abgesehen von allen historischen Fakten, die mit dieser Straße zusammenhängen, ist der Anblick, wenn man von der Engelsburg nach St. Peter läuft, einfach überwältigend.

*Wo Jahrhunderte lang Macht und Reichtum aufeinandertreffen, kommt die Kunst nicht zu kurz*

*Bus: 62, 40*

Eine wunderbare Blickachse

# Piazza San Pietro

Der Petersplatz demonstriert sowohl Macht als auch Schutz. Die prachtvollen, von Gianlorenzo Bernini gestalteten Kolonnaden mit ihren 248 Säulen und 88 Pfeilern werden allgemein als die Arme der Kirche interpretiert, die ihre Gemeinde zusammenhält. Das ist allerdings nur ein Vorwand: Die neue Petersbasilika sollte Macht auf höchster Ebene demonstrieren, und das ist den Architekten bestens gelungen. Äußerst anschaulich wird diese Machtdemonstration auf dem Sockel des Obelisken, auf dem steht: „ECCE CRUX DOMINI FUGITE PARTES ADVERSAE VICIT LEO DE TRIBU IUDA". Übersetzt bedeutet das: „Seht das Kreuz des Herren; flieht, ihr Gegner; es gewinnt der Löwe aus dem Stamm Juda". Der Löwe steht für Jesus, der Heiden und Ketzer besiegt. Abgesehen von seinen programmatischen Elementen hat der Platz die Funktion, jeden Sonntag die vielen Pilger und Besucher aufzunehmen, die sich zum Angelusgebet mit dem Papst oder zu Gottesdiensten hier einfinden. Zur Weihnachtszeit werden eine überdimensionale Krippe und ein entsprechend riesiger Weihnachtsbaum aufgestellt. Um den Obelisken herum ist ein Ring aus grünem Serpentin und rotem Porphyr gelegt, den edelsten Marmorsorten schon in altrömischer Zeit. In dem Ring sind die verschiedenen Winde und deren Richtung eingelassen. Besonders anziehend sind die beiden Punkte, von denen aus man nur die vorderste Säule der Kolonnaden sieht; man erkennt sie an der Vielzahl von Leuten, die drumherum stehen und darauf warten, sich selbst auf den Punkt stellen zu können.

Brunnen auf dem Petersplatz

*Bus: 34, 46, 62, 64, 98, 190, 571, 881, 982, 916*

# Gian Lorenzo Bernini (1598–1680)

Kaum ein anderer hat den Barock in Rom so maßgeblich bestimmt wie er: Gian Lorenzo Bernini wurde 1598 in Neapel geboren. Sein Vater war Bildhauer, deshalb kam er schon sehr früh mit der Kunst in Kontakt. Nach dem Umzug der Familie nach Rom wurde sein Talent bald von der römischen Aristokratie erkannt; der berühmte Kardinal Scipione Borghese nahm ihn unter seine Fittiche. Dadurch lässt sich erklären, warum fast alle Jugendwerke von Bernini bis heute in der Galleria Borghese (S. 96) zu sehen sind. Unter Papst Urban VIII. wurde er zum päpstlichen Hofkünstler ernannt. Der Baldachin von St. Peter (S. 56) ist das wichtigste Werk dieser Periode. 1655, unter Alexander VII., wurde der Petersplatz (S. 54), wie wir ihn kennen, von Bernini gestaltet.

Dieser Papst bestellte auch sein Grabmal (S. 58) bei ihm. Der Bildhauer, Architekt, Zeichner starb schließlich im damals sensationellen Alter von 82 Jahren 1680 in Rom während des Pontifikats Innozenz' XI. Er war der achte Papst, für den Bernini gearbeitet hatte. Spuren des Künstlers sind im ganzen römischen Centro verstreut, wie zum Beispiel der „Elefantino" (S. 40) beim Pantheon oder die von ihm restaurierten Statuen im Palazzo Altemps (S. 74).

Bernini war auch für seinen Witz bekannt: Als sein Vierströmebrunnen auf der Piazza Navona vorgestellt wurde, meinten manche, der Obelisk sei nicht stabil genug. Daraufhin befestigte er mit Nägelchen ein Paar Kordeln am Obelisk und sagte, dass die Steinnadel damit allem standhalten würde.

# Der Petersdom

Diese Petersbasilika ist ein Ort der Rekorde und immer noch die größte geschlossene Kirche der Welt. Dazu hier ein paar Zahlen: 60.000 Leute haben darin Platz. Das Mittelschiff ist 187 m lang (in der Mitte des Bodens sind die Längen anderer berühmter Kirchen eingetragen), und die Buchstaben am inneren Rand der Kuppel sind 1,41 m groß. Etwa 160 Päpste sind hier begraben. 120 Jahre lang wurde an der Kirche gebaut, und für ihre Errichtung wurde die spätantike, von Kaiser Konstantin erbaute Basilika abgerissen (ein leider unwiederbringlicher Verlust). Im Innern befinden sich elf Kapellen und sage und schreibe 45 Altäre. Kein anderer Ort in Rom soll so viel Pracht zur Schau stellen wie die Basilika. Praktisch ist kein Quadratzentimeter ohne Marmor oder noch edleren Materialien verziert. Auf viele Besucher wirkt diese Großartigkeit etwas erdrückend, aber die Kirche birgt auch einmalige Kunstschätze. Um einen nachhaltigen Eindruck zu bekommen, ist es nicht zu empfehlen, einen systematischen Weg zu gehen. Man kann die Atmosphäre besser genießen, wenn man ziellos durch die Basilika läuft und die Kunstwerke auf sich wirken lässt.

**Der Baldachin:** Über dem Hochaltar, an dem nur der Papst die Messe halten darf, erhebt sich ein 20 m hoher Aufbau aus Bronze. Papst Urban VIII. hatte damit den berühmten Barockkünstler Bernini beauftragt. Das absolute Meisterwerk sind die reich dekorierten gewundenen Säulen, die nach einem Vorbild aus der früheren Basilika entstanden. Die Bronze des Baldachins stammt unter anderem aus der Verkleidung der Pantheonkuppel.

Die weltberühmte **Pietà** befindet sich in der ersten Kapelle im rechten Seitenschiff. Michelangelo war erst 25 Jahre alt, als er die

Die Kuppel über Berninis Baldachin

Skulptur vollendete. Sie zeigt, wie Maria ihren toten Sohn in den Armen hält. Eher als Mutter und Sohn sehen wir zwei sehr junge Menschen (Maria ist fast noch ein Mädchen) von vollendeter Schönheit trotz der Dramatik des Geschehens. So viel Vollkommenheit macht fast sprachlos. Dies ist übrigens die einzige Skulptur, die Michelangelo signierte (auf dem Brustband der Madonna). Nachdem die Pietà 1972 von einem Geisteskranken mit einem Hammer beschädigt wurde, hat man sie aufwändig restauriert und hinter Panzerglas gestellt.

■ **Statue des hl. Petrus:** In einer Peterskirche darf natürlich eine Darstellung des Apostels nicht fehlen. In diesem Fall handelt es sich um

eine Bronzestatue aus dem Mittelalter. Petrus ist sitzend dargestellt, mit dem Schlüssel zum Himmelreich in der linken Hand und mit segnender rechter Hand. Die Pilger streichen mit der Hand über den hervorstehenden Fuß (besonders Ehrfürchtige küssen ihn sogar), weswegen er im Lauf der Jahrhunderte ganz glatt geworden ist und golden glänzt.

▪ **Grabmäler:** Nur wenige Päpste sind nicht in oder unter der Basilika (in den sog. Vatikanischen Grotten) beigesetzt. Die Päpste werden auf ihren Grabmälern in allen möglichen Positionen dargestellt: liegend, stehend, betend, segnend, kniend u.a. Das berühmteste Grabmal schuf der schon genannte Gianlorenzo Bernini für Alexander VII. Besonders beeindruckend ist der Knochenmann, der dem Papst die leere Sanduhr vorhält.

Das Apsisfenster über der „Cathedra Petri"

▪ **„Cathedra Petri":** Ganz vorn in der Apsis des Petersdomes steht einer der vielen Altäre unter einem höchst eigenartigen Werk; vier große Bronzestatuen beten einen geschwungenen Sessel an. Auch dies ist ein Werk des überaus produktiven Bernini. Der eigentliche Zweck des Ganzen besteht aber darin, den legendären Bischofsthron des Apostels Petrus aufzubewahren. Die Cathedra Petri ist demnach ein bronzener Reliquienbehälter. Der Stuhl selbst ist im Innern versteckt; eine Kopie davon kann man im (übrigens eher dürftigen) Domschatz sehen.

**Vatikanische Grotten:** Die Vatikanischen „Grotten" (nicht zu verwechseln mit den Ausgrabungen) liegen etwa 3 m unter dem Hauptschiff des Petersdoms und sind eher eine unterirdische Kirche, die in den Raum zwischen der ehemaligen, sog. „konstantinischen" Petersbasilika und dem jetzigen Petersdom eingerichtet wurde. Nicht nur Päpste, sondern auch Könige und andere hochgestellte Persönlichkeiten haben hier ihre Grabstätten. Die Grotten sind vom Querschiff des Petersdoms aus zugänglich und von 9–17 Uhr (Oktober–März) bzw. 9–18 Uhr (April–September) geöffnet.

Über die Internetseite des Vatikans (www.vatican.va) kann man zur Vor- oder Nachbereitung tolle virtuelle Rundgänge durch die wichtigsten Patriarchalbasiliken, die Sixtinische Kapelle und die Vatikanische Nekropole unternehmen. Lohnt sich!

*Geöffnet vom 1. April bis 30. September 7–19 Uhr, vom 1. Oktober bis 31. März 7–18.30 Uhr / Es werden vor dem Einlass Sicherheitskontrollen durchgeführt; die Kirche darf nur mit angemessener (nicht zu knapper) Kleidung betreten werden, also: Schultern bedeckt, keine Shorts oder Miniröcke. Bus: 34, 46, 64, 98, 190, 571, 881, 982, 916, 62*

# Die Kuppel

Die Kuppel von St. Peter ist das Wahrzeichen des barocken Roms. Michelangelo lieferte die Entwürfe dazu, starb aber vor der Fertigstellung. Giacomo Della Porta führte sie zu Ende, wobei er (wie es bei allen römischen Großprojekten der Fall ist) auch eigene Ideen einbrachte. Michelangelos Projekt sah die Kuppel nämlich als Halbkugel vor, Della Porta hingegen zog sie etwas nach oben, nicht zuletzt um ihre Stabilität zu gewährleisten. Dadurch wurde der gesamte Bau höher, und die Pe-

Blick von der Kuppel auf den Petersplatz

*Geöffnet vom 1. Oktober bis 31. März 8–17 Uhr, vom 1. April bis 30. September 8–18 Uhr / Eintritt mit Aufzug 320 Stufen 7 €, ohne Aufzug 551 Stufen 5 €, Schülergruppen mit Schulbescheinigung und Teilnehmerliste 3 € pro Person*

tersbasilika erhebt sich nun 136 m in den Himmel. Allein die „Lanterna", der Aufsatz auf der Kuppel, ist 17 m hoch. Darauf befindet sich die von den Römern einfach „Palla" (Ball) genannte Kugel, in die angeblich bis zu zwölf Personen hineinpassen (heute leider nicht mehr zugänglich). Um auf die Kuppel zu kommen, muss man oft sehr lange warten, aber es ist die Mühe wert, denn beim Aufstieg kann man den Teil der Petersbasilika unter der Kuppel von oben sehen, und man erkennt die wirkliche Größe der Apostelstatuen auf den Kolonnaden erst, wenn man auf dem Dach steht (wo sich sogar eine Kaffeebar befindet!). Vom Balkon um die Lanterna wird man mit einem 360°-Panoramablick auf Rom belohnt. Man sollte dabei nicht versäumen, mehr als einen Blick in die Vatikanischen Gärten zu werfen. Eine Besonderheit befindet sich auf der „Vorderseite" der Kuppel: In diese vielen jetzt verwitterten Schalen wurden in der Nacht zum Ostersonntag Kerzen gestellt; in der Dunkelheit muss das ein unglaubliches

Schauspiel gewesen sein. Wem die Treppen zu beschwerlich sind, kann einen Aufzug benutzen, der aber nur bis zum Kirchendach führt. Es ist ein unvergessliches Erlebnis, auf der Kuppel des Petersdoms zu stehen.

# Passetto

Entlang einer Parallelstraße der Via della Conciliazione verläuft eine recht unscheinbare Mauer bis in die Engelsburg hinein. Übersetzt heißt „Passetto" „kleiner Schritt", denn diese Mauer hatte die Funktion, den Papst so schnell wie möglich vom Vatikan in die sicheren Mauern der Engelsburg zu führen. Dies war z.B. 1527 der Fall, als Clemens VII. sich in der Festung verschanzte, um sich vor den Landsknechten zu schützen, die während des berüchtigten „Sacco di Roma" die Stadt plünderten wie nie zuvor. Laut Legende zog sich Clemens VII. eine lilafarbene Bischofsrobe an, die dunkler als die Papstgewänder ist, um sicherer durch die Nacht über den Passetto zu gehen, der teilweise offen und somit keinen Schutz vor feindlichen Pfeilen und Geschossen bot. Wenn man vom Petersplatz zur Piazza Risorgimento geht, sollte man einen Blick auf den Passetto werfen und sich vorstellen, wie unten die Waffen der Landsknechte klirren und oben im Gang der Papst mit schnellen Schrittchen zur Engelsburg eilt.

Schweizergardist in Begleitung

Torbögen im Passetto

# Engelsburg/Grabmal von Kaiser Hadrian

*Wo der Kaiser ruhte, versteckte sich der Papst*

Päpstliches Badezimmer in der Engelsburg

Die Engelsburg hat eine lange und z.T. bewegte Geschichte. Zunächst entstand an diesem Ort das Mausoleum (Grabmal) von Kaiser Hadrian, das mit vielen Statuen ausgestattet war. Sie erwiesen sich recht nützlich, als Rom wieder einmal von Barbaren angegriffen wurde: Man ließ die großen Skulpturen einfach auf die Angreifer fallen. Da das Mausoleum während der Barbareninvasionen in die Stadtmauern eingegliedert wurde, machte man daraus nach und nach eine Festung. Die Päpste haben den Bau immer wieder nach ihren jeweiligen Bedürfnissen umgestaltet, wodurch der Komplex von Mal zu Mal wehrhafter und die Papstresidenz in der Burg immer prächtiger wurde. Aus der Vereinigung von zwei so gegensätzlichen Elementen wie „prunkvolle Residenz" und „Bollwerk" ging die Engelsburg,

Auf dem Ponte Sant' Angelo

wie wir sie kennen, hervor: Hier gibt es Kerker und päpstliche Schlafzimmer, freskenbedeckte Säle und karge Wachräume. Was an der Engelsburg in ihrem heutigen Zustand bezaubert, ist ihre Authentizität, denn seit vielen Jahren wurde eben nichts mehr verändert. Zu den Besonderheiten zählt die ehemalige Vatikanische Schatzkammer: Die größte Truhe wurde im Tresor selbst gefertigt, so dass sie diesen Raum nie verlassen konnte. In der Burg selbst kann man sich leicht verlaufen. Wenn man genug Zeit hat, sollte man das ziellose Herumspazieren wirklich genießen, dabei ab und zu durch eine Schießscharte schauen und sehen, was die Leute auf der Straße treiben. Irgendwann kommt man auf die oberste Terrasse, von der man einen einzigartigen Blick auf Sankt Peter hat. Dort befindet sich auch der Bronzeengel, der der Burg ihren Namen gibt. Es handelt sich um den Erzengel Michael, der gerade sein Schwert wieder in die Scheide steckt. Der Legende nach soll Papst Gregor I. während einer Prozession gegen die Pest der Engel erschienen sein und ihm das Ende der Seuche angekündigt haben. Weitere Engelsstatuen stehen auf der Ponte Sant'Angelo, die zur Innenstadt führt. Auch viele moderne Legenden ranken sich um die Engelsburg. Was aber amerikanische Autoren und selbsternannte Wissenschaftler behaupten, entlockt den Römern nur ein müdes Achselzucken. Es gibt ohnehin schon genug Geschichten, die man erzählen kann.

*Geöffnet Di–So 9–19.30 Uhr / Eintritt 7 €, ermäßigt 3,50 € / Eintrittspreis kann im Zusammenhang mit Sonderausstellungen variieren / Lungotevere Castello 50 / nicht rollstuhlgerecht / Bus: 40, 280, 23, 34, 271, 982, 62*

# Campo Santo Teutonico

*Piazza della Sagrestia –
Vatikan*

Von 7 Uhr morgens bis 12 Uhr mittags kann man den „deutschen Friedhof" neben Sankt Peter besuchen. Er liegt teilweise auf dem Gelände des ehemaligen Circus von Caligula und Nero, wo auch der Apostel Petrus als Märtyrer gestorben sein soll. „Wir möchten zum Campo Santo", lautet das Zauberwort, das den Pilgern und Besuchern bei den Schweizer Gardisten an dem modernen eisernen Tor südlich des Petersdoms Einlass verschafft. Nach der Hektik von Petersdom, Petersplatz oder Museen kann man hier wieder zu sich selbst finden. Die für Rom unüblich schlichte Kirche fordert quasi zur inneren Sammlung heraus, auch wenn die meisten Besucher sich zunächst von den beiden Grabmonumenten an den Pfeilern beeindrucken lassen. Auf dem *Campo Santo* (ital. für Friedhof) haben viele einst berühmte Persönlichkeiten ihre letzte Ruhestätte gefunden (z.B. der Schriftsteller Stefan Andres, der Maler Josef Anton Koch und der letzte päpstliche Kriegsminister (!), gestorben 1874). Gottesdienste auf Deutsch: sonntags 9 Uhr, wochentags um 7 Uhr (außer Mi und Sa).

*Friedhofsidylle im
Campo Santo*

# Vatikanische Museen

Die Musei Vaticani sind ein ganz besonderer Fall: Hier findet man Sammlungen, die über Jahrhunderte von den Päpsten zusammengetragen wurden. In den altehrwürdigen Hallen stehen die großartigsten Werke der Antike und noch Vieles mehr. Gerade diese Einzigartigkeit wird den Museen gewissermaßen zum Verhängnis, denn leider kann man sie nur sehr selten mit der nötigen Ruhe besichtigen. Es kommt vor, dass sich ein gigantischer Menschenstrom durch die Museen schlängelt und alle Besucher mit sich reißt. Nur tapfere Einzelkämpfer können sich durch die Menge winden und eigenständig die Museen besichtigen. Trotzdem: Was es dort zu sehen gibt, übertrifft alle Vorstellungen bei Weitem. Endlose Korridore verwandeln sich in einen Büstenwald. Sich alle Bereiche an einem Tag vorzunehmen, ist unmöglich. Deshalb sollte man schon vorher auswählen, was man sehen möchte, und sich dann auf diese Bereiche beschränken.

Der Cortile della Pigna

*Museo Pio-Clementino und Museo Chiaramonti (griechische und römische Antiken):*
■ **Torso vom Belvedere**: Nicht nur Michelangelo war von diesem unvollendeten griechi-

schen Werk aus dem 1. vorchristlichen Jahrhundert begeistert. Auch Dichter wie beispielsweise Rilke zog es in seinen Bann, schließlich handelt es sich um ein Original. Man sieht den Körper eines Helden, der auf einem Fell sitzt. Jeder Muskel seines Oberkörpers ist so realistisch herausgearbeitet, dass die Bewegung sichtbar wird.

◼ **Laokoon-Gruppe**: Laokoon war ein trojanischer Priester, der seine Landsleute davor gewarnt hatte, das berühmte hölzerne Pferd in ihre Stadt zu lassen. Die römische Marmorgruppe zeigt, wie sich die Götter dafür an ihm und seinen Söhnen rächten: Sie schickten Schlangen aus dem Meer, die den Priester und seine beiden Söhne töteten. Die Marmorskulptur zeigt den Kampf gegen die übermächtigen Schlangen.

◼ **Apoll vom Belvedere**: Wie so oft handelt es sich um eine römische Kopie eines griechischen Originals aus Bronze und um eines der wichtigsten Beispiele spätklassischer (4. Jh. v. Chr.) Bildhauerkunst. Die Hände und ein Unterarm wurden bei der jüngsten Restaurierung (2008) ergänzt. Ohne den Baumstamm könnte die Statue übrigens gar nicht stehen.

◼ **Apoxyomenos**: Der „Schaber" von Lysipp (röm. Marmorkopie) zeigt einen nackten jungen Athleten, der sich nach einem gewonnenen Wettkampf Schweiß und Sand mit einem Eisen vom Arm abschabt. Obwohl es sich „nur" um eine Skulptur handelt, erkennt man die Erschöpfung des Ringers. Lysipp war der Hofbildhauer Alexanders des Großen, der sich angeblich von keinem anderen Künstler darstellen ließ.

◼ **Nil**: Der größte Fluss Afrikas ist dargestellt in der klassischen römischen Flusspose, nämlich halb liegend und auf einen Arm gestützt, um das Fließen anzudeuten. In der Hand hält er Ähren, und um ihn herum wuseln sechzehn Kinder (sog. Putten); beides soll seine Fruchtbarkeit symbolisieren.

Beachtlich sind auch die Mosaiken mit Bildern von Athleten und Gladiatoren, die damals

genauso berühmt und populär waren wie die
heutigen Fußballer, und nicht zuletzt die Rie-
senporphyrschale in der Mitte von spektakulären römischen Mosaiken in der Sala Rotonda.
Wer sich Haare und Bart lang wachsen lassen

Alter Stich der Laokoon-
Gruppe

möchte, könnte sich ja den Zeus von Otricoli zum Vorbild nehmen.

Was man außerdem nicht verpassen sollte: die beiden großen Porphyrsarkophage im Treppenhaus – der eine ist der von Helena, der Mutter Kaiser Konstantins, der andere der von Konstantina, der Tochter des Kaisers – mit Reliefs (Putten bei der Weinlese und Reiterszenen); außerdem die Augustus-Statue von Primaporta (nördlich von Rom, wo sich die Villa der Frau des Kaisers befand) mit dem einzigartig schönen Brustpanzer und barfuss, wie es den Göttern vorbehalten war. Man muss sich die Statue sehr bunt vorstellen, denn solche Kunstwerke waren damals allesamt bemalt.

Kaiser Commodus als Herkules und Marmorbüste einer vornehmen Römerin (rechts), Kapitolinische Museen

# Buntmarmor in Rom

Bunter Marmorstein war schon in der Antike sehr begehrt, nicht zuletzt als Zeichen von Macht und Reichtum. Je mehr Marmor also ein bestimmtes Gebäude aufzuweisen hatte, desto angesehener war der Besitzer beziehungsweise Stifter. Es war auch besonders ehrenvoll, so viele verschiedene Marmorsorten wie möglich zu präsentieren. Dafür war es natürlich nötig, die verschiedenen Sorten nach Rom zu transportieren – manchmal sogar über Tausende von Kilometern! Man kann sich kaum vorstellen, wie viel solch edlen Steins während der Römerzeit verbaut wurde. Manche der Marmorsorten können heute nicht mehr gefördert werden, denn schon in der Spätantike waren die entsprechenden Steinbrüche erschöpft.

Hier ein kurzer Überblick über einiger Buntmarmore, die im antiken Rom (und darüber hinaus, dank zahlreicher Wiederverwendungen) eine Rolle spielten:

PORPHYR: Dunkelroter, fein gesprenkelter Marmor. Während der gesamten Antike war er der teuerste und edelste aller Marmore. Im antiken Rom durfte diese Sorte nur für die Kaiser verwendet werden.

SERPENTIN: Dunkelgrüner Marmor, zusammen mit Porphyr in Cosmatenfußböden aus dem Mittelalter zu sehen.

CIPOLLINO: Zeigt helle und dunkle Streifen, daher auch der Name, nämlich „cipolla", ital. für Zwiebel.

AFRICANO: Schwarzer Marmor mit meistens weißen und roten Einschlüssen.

GIALLO ANTICO: Fast einheitlich gelbfarbiger Marmor mit gelegentlich roten Striemen.

VERDE ANTICO: Grüner Stein mit dunkleren Einschlüssen.

ROSSO ANTICO: Orange-rotes Gestein, das wie gebrannter Ton aussieht.

PAVONAZZETTO: Weißer Marmor mit blutrot bis lilafarbenen Furchen.

**Sixtinische Kapelle:** Stundenlang läuft man schon durch die Vatikanischen Museen. Womöglich ist es auch noch Sommer, es ist heiß, es ist voll, es ist eng. Eigentlich will man schon wieder hinaus und ein Eis essen. Aber man kann nicht, man *darf* nicht. Denn es warten die wohl spektakulärsten Fresken der Welt, angefangen mit der Erschaffung Adams in der Mitte der Decke, wo die Finger Adams und Gottes

*Geöffnet Mo–Sa 9–18 Uhr (letzter Einlass 16 Uhr!), geschlossen an kirchlichen Feiertagen / Eintritt 16 €, ermäßigt 8 € / Viale Vaticano 100 – am letzten Sonntag im Monat geöffnet bei freiem Eintritt mit Einlass bis 12.30 Uhr / Metro A: Ottaviano; Bus: 49, 32, 81, 590*

Café mit Blick in die Vatikanischen Gärten

sich bald berühren werden. Michelangelo musste die ganze Decke im Liegen bemalen; in mehreren Briefen beschwert er sich über die Kälte auf dem Gerüst, seine Nackenschmerzen und die auf ihn tropfende Farbe. Das absolute Meisterwerk ist aber Michelangelos Jüngstes Gericht. Auf etwa 150 Quadratmetern wird dargestellt, wie Christus am Ende der Zeit die Guten von den Bösen trennt. Auch wenn die Fresken Michelangelos überwältigend sind: Bitte vergesst nicht, die Fresken an den Seitenwänden anzusehen, darunter die Übergabe der Schlüssel an Petrus des Renaissancemalers Perugino oder die Versuchung Christi von Botticelli. In dieser Kapelle wird außerdem die Papstwahl, das Konklave, durchgeführt. Dann haben die Kardinäle etwas anzuschauen, wenn sie sich bei der Diskussion über den zukünftigen Papst langweilen und nach Inspiration suchen.

# Vatikanische Gärten

Eintritt 32 €, ermäßigt 24 € / Besuch nur nach Voranmeldung / für Gruppen: visiteguidategruppi.musei@scv.va / für Individualreisende: visiteguidatesingoli.musei@scv.va / Ticket ist auch für die Vatikanischen Museen gültig

Die Gärten nehmen fast zwei Drittel des ohnehin nur einen halben Quadratkilometer großen vatikanischen Staatsgebiets ein und sind – den historischen Entwicklungen entsprechend – in verschiedene Bezirke gegliedert. Da die Gärten die enormen Besucherströme des Petersdoms nicht aushalten würden, kann man sie nur im Rahmen von Gruppenführungen besuchen. Der geführte Spaziergang durch die Gärten dauert ca. 2 Stunden.

# Rom, Römer – romanissima!

# Museo Barracco

*Eine kleine und exquisite Sammlung
aus anderen Zeiten*

Wenn man ausgesuchte Antiquitäten in ruhiger Umgebung (und trotzdem mitten in der Stadt!) genießen möchte, geht man einfach die schmale Gasse von der Piazza Navona zum Campo dei Fiori. Das Museum liegt genau auf halbem Weg am Corso Vittorio.

Giovanni Barracco war Politiker, Schriftsteller, Hobby-Bergsteiger und Antiquitätenliebhaber. 1902 schenkte er seine ansehnliche, übrigens mit Hilfe des deutschen Archäologen Helbig zusammengestellte Privatsammlung der Stadt Rom. Nachdem das ursprüngliche Ausstellungsgebäude abgerissen wurde und die Sammlung etwa 20 Jahre lang in den Kellern der Kapitolinischen Museen verschwand, fand sie 1948 im „Palazzo della Farnesina ai Baullari" ihren Platz. Der Palazzo, eher eine kleine „Palazzina", ist – für Rom untypisch – freistehend und hat an einer Seite eine – ebenfalls untypische – viel zu groß geratene Freitreppe. Bewundernswert an Barraccos Sammlung ist der Überblick, den sie über alle antiken Hochkulturen im Mittelmeerraum verschafft: So wird dem Besucher assyrisch-babylonische, ägyptische, griechische und römische Kunst gezeigt. Eine Rarität sind die aus Zypern stammenden Exponate, zu denen ein einzigartiger Herkuleskopf gehört. Eine weitere Besonderheit ist die Statue der ägyptischen Gottheit Bes: Er wird in seiner typischen Haltung dargestellt, in der Hocke sitzend mit den Händen auf den Knien und mit einem fratzenartigen Gesicht. Von ihm würde man beim ersten Anblick bestimmt nicht behaupten, dass er der Schutzgott der Frauen und der Familie war.

*Rom hat noch mehr zu bieten als man erwartet. Die Klassiker sind nur die Spitze des Eisbergs. Im Folgenden werden Orte präsentiert, die entweder unbeachtet sind oder die sich durch ihre Einzigartigkeit auszeichnen oder beides. Dis Auswahl und Gewichtung sind natürlich subjektiv, denn es handelt sich ja um die persönlichen Vorlieben des Autors.*

*Geöffnet Di – So, Oktober – Mai: 10–16 Uhr, Juni – September: 13–19 Uhr / Eintritt 6,50 €, ermäßigt 5,50 € / Corso Vittorio Emanuele II, 166a / nicht rollstuhlgerecht / Bus: 46, 64, 571, 916*

Detail aus den Mosaiken der Kapelle San Zeno in der Kirche Santa Prassede

# Palazzo Altemps

*Große Werke in großen Räumen*

Dieses Museum trägt die Sammlungen mehrerer römischer Adelsfamilien zusammen; viele der Skulpturen waren sogar in den Gärten der Adligen aufgestellt. Vor einigen Jahrhunderten war es bei den Reichen in, viele römische Antiquitäten zu besitzen; je mehr man davon hatte, desto angesehener war man. Die Familie Ludovisi, deren Sammlung das Herzstück dieses Museums bildet, war sehr angesehen …

Nachdem man eine lästige Sicherheitskontrolle abgewickelt hat, wird man in einen prächtigen Innenhof geführt, dessen Besuch alleine sich schon lohnt. Überall sieht man das Wappen mit dem steigenden Geißbock des Geschlechts der Hohenems, das den Palazzo bauen ließ und sich im Zuge seiner Italianisierung in Altemps umbenannte. Von dort muss man selbst entscheiden, welche Treppe man hinaufgeht, denn einen Rundgang gibt es nicht. Unter Umständen muss man mehrmals dieselben Treppen steigen, um beispielsweise den überdimensionalen Kopf der Juno zu sehen (eine Kopie davon steht in Goethes Haus in Weimar). Bei aufmerksamer Betrachtung zahlreicher Ausstellungsstücke wird man entdecken, welche Teile original sind und welche erst später hinzugefügt wurden, z.B. bei einer Gruppe mit einem Jüngling und einem Faun: Der Kopf des Jünglings ist eindeutig der einer Frau. Glanzstück dieses Museums ist der sogenannte „Trono Ludovisi" aus elegant glänzendem parischen Marmor, bei dem es sich eigentlich nicht um einen Thron handelt, sondern um ein „Dreiseitiges Marmorwerk mit Reliefschmuck", wie es in der Fachliteratur heißt. Auf der Vorderseite ist eine weibliche Gestalt zu sehen, die von zwei weiteren Frauen aus dem

Wasser gezogen wird. Die berühmtesten Archäologen haben über die Bedeutung des Bildes gestritten; der (fast) allgemein anerkannten These nach handelt es sich um Aphrodite, die als Meeresgeburt der See enthoben wird. Die Tafeln an den Wänden mit Erklärungen auf Englisch und Italienisch geben zu jedem einzelnen der großen Stücke Auskunft. Mehr als einen Blick lohnt außerdem der „Große Ludovisi-Sarkophag" aus dem 3. Jahrhundert n. Chr. mit einer Schlachtszene, die die ganze Fläche gleichermaßen ausfüllt; man könnte es fast als „Wimmelbild" bezeichnen. Nur der Heerführer in der Mitte ist etwas stärker betont.

Bemerkenswert sind aber auch die vielen barocken Elemente dieses Palazzos: ein reich verzierter monumentaler Kamin, der freskenbedeckte Balkon zum Innenhof oder auch die Privatkirche, in der u.a. auf der linken Seite eine ganz besondere Liste befindet: Darauf stehen die Reliquien, die hier (angeblich) aufbewahrt wurden.

*Sarcofago Ludovisi im Palazzo Altemps*

*Geöffnet Di–So 9–19.45 Uhr / Eintritt 7 €, ermäßigt 3,50 € (Ticket auch für Palazzo Massimo, Crypta Balbi und Terme di Diocleziano gültig) / Via di Sant' Apollinare 46 / nicht rollstuhlgerecht / Bus: C3, 70, 81, 30, 87, 116*

# Centrale Montemartini

*Die Antike im alten Kraftwerk*

Die Kapitolinischen Museen besitzen einen Keller, den man mit einem mittleren Bergwerk vergleichen kann. Darin befanden (und befinden?) sich unzählige Statuen und andere wertvolle Gegenstände. Eines Tages haben sich die zuständigen Leute beraten und beschlossen, in den Keller zu gehen, um zu sehen, was die Götter aus Stein da unten treiben. Es stellte sich heraus, dass man aus nur einem Bruchteil des Bestands schon ein beachtliches Museum einrichten konnte. Ausgewählt wurde dafür die „Centrale Montemartini", ein ausgedientes Elektrizitätswerk an der Via Ostiense. Die Lage ist nicht die glücklichste, und das dazugehörige Viertel ist im Vergleich zu anderen hässlich, aber man will ja das Museum besuchen. Außerdem sind St. Paul vor den Mauern, die Cestius-Pyramide und der nicht-katholische Friedhof nicht weit.

Einerseits beherbergt das Museum antike Skulpturen, andererseits sieht man noch Maschinen und Geräte von einem Kraftwerk aus vergangenen Zeiten. Deshalb besucht man praktisch zwei Museen. Manche waren anfangs darüber erstaunt, dass man einen Äskulap (römischer Gott der Medizin) vor einen titanischen Dieselmotor stellen kann, aber das Zusammenspiel von Antike und Industrie ist einfach großartig: Es werden nicht nur die Skulpturen vor die Maschinen gestellt; es sind auch Werkzeuge zu sehen, z.B. unvorstellbar große Schraubenschlüssel, die wohl kaum von nur einer Person getragen, geschweige denn benutzt werden konnten.

Die Fotos im Untergeschoss zeigen, wie seinerzeit im Elektrizitätswerk gearbeitet wurde; außerdem kann man den komplizierten Plan

eines Generators bewundern. Etwas abseits von all der Industrie befindet sich eine kleine Rarität: ein Männerkopf mit Bart. Auf den ersten Blick wird man nicht viel Sonderbares bemerken, aber erst ab Kaiser Hadrian (Anfang des 2. Jahrhunderts) wurde der Bart „hoffähig"; früher hatten sich alle feineren Römer rasiert. Deshalb wird angenommen, dass der Kopf keinen Römer darstellt. Beachtenswert sind auch mehrere Mosaiken von erstaunlicher Feinheit, die man über eine überhöhte Gangway sehr gut von oben betrachten kann, und eine Säule aus afrikanischem Buntmarmor. Weltberühmt unter den Skulpturen sind schließlich der sog. „Togatus Barberini", der die Köpfe von Vater und Großvater auf den Händen trägt (sein eigener ist übrigens nicht original), und der ursprünglich ganz bunte Tempelfries aus dem 5. Jahrhundert, der im oberen Stock aufgebaut ist.

*Centrale Montemartini: die Maschinenhalle*

*Geöffnet Di–So 9–19 Uhr / Eintritt 6,50 €, ermäßigt 5,50 € / Eintrittspreis kann im Zusammenhang mit Sonderausstellungen variieren / Via Ostiense 106 / Metro B: Garbatella; Bus: 770*

# Vittoriano (Altar des Vaterlands)

Unübersehbar im römischen Stadtbild: das Vittoriano

An der Piazza Venezia steht, an den Kapitolshügel angelehnt, ein großes weißes Gebilde. Es ist eigentlich dem ersten König des vereinten Italiens, Viktor Emanuel II., gewidmet; außer dem offiziellen hat das wuchtige Unding jedoch noch mehrere andere Namen, wie Altare della Patria (Altar des Vaterlandes), Monumento al Milite Ignoto (Denkmal für den Unbekannten Soldaten). Die römische Respektlosigkeit hat dem Vittoriano schnell weitere Bezeichnungen verliehen, wie Macchina da scrivere (Schreibmaschine) oder Dentiera (künstliches Gebiss). Wie jedes Monument ist auch dieses voller Symbole: So gibt es mehrere Statuengruppen mit Darstellungen der Tugenden oder der Regionen Italiens.

Der Bau des Vittoriano nahm – wie so viele urbanistische Maßnahmen in Rom – lange Zeit in Anspruch. 1885 wurde mit den Arbeiten begonnen, 1911 wurde das Denkmal eingeweiht, tatsächlich fertig wurde es aber erst 1935. Auf der Homepage des italienischen Staatspräsidenten ist der Vittoriano in der Liste der Nationalsymbole neben der Staatsflagge und der Hymne, deshalb gebührt ihm größter Respekt: Man darf weder schreien noch rennen oder sich auf die doch so einladenden Stufen setzen. Künstlerisch-architektonisch ist es wahrlich kein Highlight, aber die vielen Terrassen und Plattformen bieten (je höher man geht) einen immer schöneren Blick auf die Stadt. Wer keine Höhenangst hat, erreicht mit dem Aufzug (7 €) sogar das Dach in 62 Metern Höhe; von dort ist die Aussicht auf ganz Rom in der Tat unvergesslich.

*Täglich geöffnet 9.30– 17.30 Uhr, im Winter bis 16.30 Uhr / Aufzug 7 €, ermäßigt 3,50 € / Piazza Venezia / Bus: 64, 46, 916, 44, 84, 190, 780, 781, 810 / nicht rollstuhlgerecht*

 # Gianicolo

*Hier werden die Helden des „Risorgimento" geehrt*

Blick vom Gianicolo auf die Stadt

Dieser Hügel ist perfekt für einen ruhigeren Spaziergang etwas abseits von der Hektik im Zentrum. Auf der langen Allee kann man sich gut erholen, nachdem man zum Beispiel eine Papst-

*Der Tempietto del Bramante*

audienz besucht oder sich in Trastevere verlaufen hat. Der Gianicolo gehört nicht zu den sieben ursprünglichen Hügeln Roms, wurde aber im 17. Jahrhundert in die Stadtmauern eingegliedert. Der höchste Punkt ist der Piazzale Giuseppe Garibaldi mit einem Reiterstandbild des „Helden zweier Welten" Giuseppe Garibaldi (s. Kasten). Der eigentliche Grund, weswegen man zu diesem Platz läuft oder fährt, ist aber ein anderer. Es sind weder die Büsten der Helden des „Risorgimento" (ital. Einigungsbewegung im 19. Jahrhundert) in den Grünanlagen, noch ist es die Kanone, die jeden Mittag genau um 12 Uhr eine Knallpatrone abfeuert. Die Lösung befindet sich auf der östlichen Seite des Platzes: Es ist die einzigartige Aussicht auf Rom außerhalb des Zentrums. Man kann den Blick von der Engelsburg bis zu dem Ausläufer des Aventins mit dem Sitz der Malteserritter schweifen lassen. Außerdem sind besonders klar zu erkennen: die Kuppel des Pantheons, der Quirinalspalast, der ausladende Vittoriano, die zweitürmige Kirche Trinità dei Monti über der Spanischen Treppe und der Palatin. Etwas versteckt hinter Bäumen schaut noch das Kolosseum hervor.

Nachdem man sich entspannt hat, kann man sich erfrischt zu neuen Zielen aufmachen, wie zum Beispiel dem nicht weit entfernten **Tempietto del Bramante**, der als eines der absoluten Meisterwerke der Renaissancearchitektur gilt, oder der sog. **Fontanone**, der das Schlussstück des Aquäduktes der **Acqua Paola** ist.

*Piazzale Giuseppe Garibaldi / Bus: 115, 870*

# Giuseppe Garibaldi (1807–1882)

Er ist der am meisten gefeierte Held der italienischen Einheitsbewegung im 19. Jahrhundert, dem Risorgimento. Garibaldi wurde 1807 in Nizza geboren. Schon als Junge bewies er seine Abenteuerlust, indem er auf mehreren Schiffen als Matrose kreuz und quer durchs Mittelmeer segelte. Mit 29 Jahren verschlägt es ihn nach Südamerika, wo er lange Zeit als Guerillakämpfer bei verschiedenen Freiheitsbewegungen tätig ist. 1848 kehrt er nach Italien zurück, wo der Risorgimento schon in vollem Gange ist, an dem er natürlich auch teilnehmen will. Garibaldi wird im Piemontesischen Königreich, das sich am meisten für die italienische Einheit einsetzte, allerdings eher kühl empfangen. Unzufrieden mit seiner Position, tuckert er auf zwei Dampfschiffen mit einer 1000 Mann starken Freiwilligenarmee von Quarto (ein Städtchen in der Nähe von Genua) nach Marsala in Sizilien. Nach und nach befreien er und seine ständig wachsende Armee ganz Süditalien bis nach Neapel.

Trotz seiner Verdienste wurde er von seinen Zeitgenossen nie genügend gewürdigt. 1882 stirbt er auf Sardinien. Wegen seiner Taten in Südamerika und Italien wird er auch gern „Eroe dei due mondi", Held der zwei Welten, genannt.

 # „Dives in Misericordia" in Tor Tre Teste

*Die modernste Kirche in Rom vom Architekten Richard Meier*

Auf den ersten Blick würde ein Besucher oder ein unerfahrener Römer vom Viertel Tor Tre Teste (wörtlich: Dreiköpfeturm) im Osten der Stadt kaum erwarten, dass dort die modernste Kirche Roms steht. Gebaut wurde sie in Zusammenhang mit dem Heiligen Jahr 2000, als in den neuen Vierteln der Hauptstadt Dutzende von Kirchen entstanden. Die allermeisten davon sind schlichtweg scheußlich. Nicht so die „Dives in Misericordia". Der Auftrag dafür ging an den renommierten amerikanisch-jüdischen Architekten Richard Meier, und das Ergebnis kann sich wirklich sehen lassen: drei geschwungene, überirdisch weiß glänzende Segel und daneben der offene Kirchturm mit dem ebenfalls weißen Gemeindeheim. Es gibt mehrere Interpretationen für die drei Segel: Zum einen handelt es sich um die Dreifaltigkeit (das größte symbolisiert auch den Schutz Gottes), zum anderen soll das Schiff des Petrus dargestellt werden. Auch der meditative, für den althergebrachten römischen Geschmack vollkommen unübliche Innenraum ist in Weiß gehalten, aber die Holzvertäfelung auf der rechten Seite nimmt dieser Nicht-Farbe ihre Kälte. Der Altar soll ein Schiff darstellen, und das Ganze ist so gestaltet, dass alle Symbole der Außenansicht im Innenraum wieder aufgegriffen werden. Der Name „Dives in Misericordia" bezieht sich auf eine Enzyklika von Johannes Paul II., der sich ausführlich mit der Idee eines barmherzigen Gottes auseinandersetzte. Wenn man an eine Kirche in Rom denkt, kommen einem normalerweise Bilder von barock-überladenen Gotteshäusern in den Sinn. Diese Kirche beweist, dass es auch anders geht.

*Täglich geöffnet 7.30– 12.30 Uhr und15.30– 19.30 Uhr / Via Francesco Tovaglieri 147 / Bus: 556*

 # Museo di Roma in Trastevere

Dieses Museum mitten in Trastevere wird den echten Rom-Liebhabern empfohlen, die keine Angst haben, sich mit merkwürdigen Gebräuchen vertraut zu machen. Es befasst sich nämlich ausschließlich mit römischem Lebensstil und Bräuchen zwischen ca. 1700 und 1900. Neben Gemälden, die ein völlig unbekanntes und leider verschwundenes Rom zeigen (daher die ital. Bezeichnung „Roma sparita"), besteht der Hauptkern des Museums aus den sog. „Römischen Szenen": Wie in einem Schaufenster werden mit Puppen und Kulissen in Originalgröße sechs Plätze oder Szenen des römischen Alltags nachgestellt: eine Apotheke, der Weinkarren zum Transport des Weins aus dem Umland in die Stadt (die Karren gab es noch bis in die 1950er Jahre!), der „Saltarello", ein

Piazza Sant' Egidio

römischer Hüpftanz, ein Gasthaus, der öffentliche Schreiber, dem man gegen Bezahlung Briefe diktierte, wenn man – wie damals üblich – selbst nicht schreiben konnte, und die „Pifferai" (Pfeifer) – Hirten aus den Abruzzen, die zur Weihnachtszeit nach Rom kamen und Gesänge auf ihren eigentümlichen Flöten spielten. Das Museum ist nie stark besucht, und die Exponate sind in der Tat eingefleischt römisch. Ein idealer Zufluchtsort für diejenigen, die sich eingehender mit Roms jüngerer, alltäglicher Vergangenheit auseinandersetzen wollen.

*Geöffnet Di–So 10–20 Uhr / Eintritt 5 €, ermäßigt 4 € / Piazza di Sant'Egidio 1b / Bus: 125, 23, 271, 280*

# Museo Criminologico

Wer schwache Nerven hat, sollte dieses ungewöhnliche Museum möglichst meiden. Besucher, die auch vor Makabrem nicht zurückschrecken, könnten es eher verkraften. Alles was ausgestellt wird, hat mit Bestrafung zu tun. Auch das Gebäude, in dem das Museum untergebracht ist, besitzt eine eigene Geschichte: Es handelt sich um ein von Papst Leo XII. gebautes Jugendgefängnis aus dem Jahr 1827. Die Sammlung zeigt die Entwicklung der römischen bzw. päpstlichen Justiz und der Gefängnisse vom Mittelalter bis in die 50er-Jahre. Zum Abschluss gibt es noch zahlreiche Kunstfälschungen und mehrere Objekte zum Transport von Schmuggelware, wie die „klassischen" Behälter mit doppeltem Boden oder ein Fahrrad mit leerem Rahmen für die Beförderung von Alkohol. Der Hauptteil des Museums sind jedoch die Ausstellungsstücke aus den Gefängnissen, und die haben es wirklich in sich, z.B. eine Vielzahl von Folterwerkzeugen, wie eine Eiserne Jungfrau oder ein Halsring mit Stacheln auf der Innenseite. Beeindruckend viele Objekte stammen praktisch direkt vom päpstlichen Schafott, beispielsweise die Guillotine, die bis 1870 in Rom benutzt wurde, und der rote Umhang des damaligen Henkers. Das wohl merkwürdigste Exponat wurde erst 1964 am römischen Flughafen Fiumicino beschlagnahmt: Der große Kasten fiel den Polizisten auf, weil aus ihm ein Klopfen und Jammern kam. Als sie ihn öffneten, staunten sie nicht schlecht, denn sie fanden darin einen Mann, der sich als Spion entpuppte. Dieses schräge Museum ist nicht sehr bekannt, und den Leuten, die aus den Exponaten neue Inspiration schöpfen könnten, sollte man eher aus dem Weg gehen …

*Di und Do geöffnet 14.30–18.30 Uhr; Mi, Fr und Sa geöffnet 9–13 Uhr / Eintritt 2 € / Via del Gonfalone 29 / Bus: 116*

# Moses von Michelangelo

Bei diesem absolut einmaligen Werk fließen wahre Geschichte und Legende zusammen. Wechselvoll war seine Entstehung allemal. Die Skulptur ist der Hauptteil des Grabmals für Papst Julius II. Ursprünglich war es anders geplant gewesen, denn das Grabmal sollte ein mehrstöckiges Mausoleum werden, in dem Moses keine so

Der majestätische Moses
in der Kirche San Pietro
in Vincoli

herausragende Rolle gespielt hätte. Und eigentlich sollte das besagte Mausoleum im Petersdom stehen. Wahrscheinlich war der Petersdom selbst die Ursache für die Schrumpfung der Grabstätte, denn Julius II. hat den Bau des neuen Domes angefangen und sich am meisten für dieses Projekt interessiert. Michelangelo war 30 Jahre alt, als er mit der Arbeit am Grabmal begann. Er stellte es aber erst mit 70 Jahren fertig, als Julius II. schon längst tot war. Für die Verspätung gab es mehrere Gründe: Um- bzw. Rückzüge nach Florenz, wenn Michelangelo mit dem Papst gestritten hatte, und andere Großaufträge, die mit der Weiterarbeit am Grabmal unvereinbar waren. So kamen beispielsweise sämtliche Fresken für die Sixtinische Kapelle dazwischen. Jedenfalls wurde das Grabmal nicht so, wie es geplant war, und es steht auch nicht dort, wo es hätte stehen sollen. Die Angehörigen Julius' II. (auch sie hatten mit Michelangelo gestritten) nannten es *„misera parete"*, eine ärmliche Wand. Sie waren bestimmt vom endgültigen Aufstellungsort enttäuscht: San Pietro in Vincoli, eine Kirche in einem damals verruchten Viertel. Außerdem nimmt das Grabmal in der Kirche keinen zentralen Platz ein: Es steht hinten, auf der linken Seite. Trotzdem hat der Moses von Michelangelo die Kirche berühmt gemacht, denn die Ketten, die angeblich Petrus angelegt wurden, haben ihr nur den Namen gegeben: Der Blick des Moses hingegen durchbohrt jeden, der in seine Augen schaut. Viele edle Römer bezeichneten ihn als *„terribile"*: schrecklich, (ehr)furchteinflößend. Der Prophet wird in einem ganz bestimmten Moment dargestellt: Er ist gerade mit den Zehn Geboten vom Berg Sinai herabgestiegen und äußerst ärgerlich, weil die Juden, die er einen Moment alleine gelassen hatte, um die Gebote aufzuschreiben, einen schamlosen Götzendienst betreiben. Der zurückgestellte linke Fuß könnte anzeigen, dass Moses gleich aufsteht und voller Wut die Gesetzestafeln zertrümmert, die er unter dem rechten Arm hält. Außerdem ist zu bemerken, dass Michelangelo Moses als alten weisen Mann darstellt, hervorgehoben durch den dichten Bart. Trotzdem hat Moses kräftige Muskeln, die Stärke symbolisieren; besonders gut sichtbar sind sie am linken Arm. Dadurch soll deutlich gemacht werden, dass Moses sowohl Weisheit als auch Stärke brauchte, um das jüdische Volk ins Gelobte Land zu führen. Der höchste Punkt der Statue sind die zwei Hörner. Michelangelo hat sie ihm aufgesetzt, weil es so in der Bibel stand. Es handelt sich jedoch um einen Übersetzungsfehler aus antiker Zeit: In den hebräischen Texten steht, dass Sonnenstrahlen auf Moses schienen; da aber das hebräische Wort für „Strahlen" ähnlich ist wie „Hörner", machte der Übersetzer damals wohl den Fehler. Michelangelo arbeitete für den Papst, musste sich daher so genau wie möglich an den Bibeltext halten. Bevor man die Kirche verlässt, sollte man sich wenigstens kurz in Michelangelo hineinversetzen, der Jahrzehnte lang mit diesem Moses beschäftigt war: Als er die Skulptur endlich fertig hatte, war er so sehr vom eigenen Werk beeindruckt, dass er einen Meißel an das rechte Knie werfend gebrüllt haben soll: „Perché non parli?!", „Warum sprichst du nicht?". Als ob Michelangelo wusste, dass er danach nichts so Großartiges mehr machen würde.

*April bis September geöffnet 8–12.30 Uhr und 15.30–19 Uhr, Oktober bis März geöffnet 8–12.30 Uhr und 15–18 Uhr / Piazza di San Pietro in Vincoli / Metro B: Cavour; Bus: 75, 84, 117*

# Michelangelo – der Titan unter den Künstlern (1475–1564)

Michelangelo Buonarroti ist in der Kunstgeschichte einmalig, denn er konnte wirklich alles: Er war Bildhauer (das war auch seine liebste Beschäftigung, und er bezeichnete sich selbst als „sculptor"), Maler, Architekt, Dichter. Im Unterschied zu vielen seiner Künstlerkollegen konnte er sogar rechnen, d.h. seine Arbeit machte ihn reich. Allerdings lebte er eher bescheiden in einem Haus nahe der heutigen Piazza Venezia. Angeblich soll er bis ins hohe Alter (und er wurde fast 90!) jeden Tag und bei jedem Wetter ausgeritten sein und sich seine Reitstiefel über mehrere Monate nicht ausgezogen haben …

In der Bildhauerei hat Michelangelo in der Tat seine vielleicht schönsten Werke hervorgebracht. Die Marmorblöcke suchte er selbst äußerst sorgfältig in den Steinbrüchen von Carrara in der heutigen Tos-

kana aus, und er muss dafür ein ausgezeichnetes Auge gehabt haben. Sein Spruch war: „Ich hole nur aus dem Marmor heraus, was schon in ihm steckt". Was im Marmor steckte, war wirklich grandios: Schon mit Anfang zwanzig schuf er die einmalig schöne Pietà im Petersdom, die er auf dem Brustband der Madonna – eher ein Mädchen als eine reife Frau – sogar signierte. Wenn man bedenkt, dass man mit einem einzigen Meißelschlag das Werk ruinieren konnte, wird einem bewusst, wie genial Michelangelo vorging. Michelangelo war vorwiegend mit Großaufträgen beschäftigt, die ihm z.T. Jahrzehnte lang nachhingen, so z.B. das Grabmal für Papst Julius II., an dem er mit Unterbrechungen fast vier Jahrzehnte arbeitete und das zu guter Letzt doch unvollendet blieb. Bei Abschluss der Arbeiten war der Papst übrigens schon längst gestorben.

Im Vatikan finden sich einige von Michelangelos bedeutendsten Werken, und zwar in mehreren Kategorien: Nicht nur die genannte Pietà, sondern auch die Deckenmalereien in der Sixtinischen Kapelle (115 überlebensgroße Figuren auf über 500 m² Fläche, die Michelangelo in vierjähriger Arbeit und stets verrenkter Stellung auf den Gerüsten schuf) und das „Jüngste Gericht", das mehr als zwanzig Jahre später an der Wand desselben Raums mit 390 (!) Figuren auf 200 m² entstand. Und wer die Idee zu der weltberühmten Kuppel hatte, ist ja wohl auch klar …

Michelangelo war jähzornig, geizig und aufbrausend – ein unangenehmer Charakter. Echte Freunde hatte er also nicht viele (recht zahlreich müssen aber diejenigen gewesen sein, die hinter seinem Geld her waren). Er schrieb jedoch zahlreiche Sonette und Madrigale, die von tiefen Emotionen zeugen. Viele seiner Schriften schickte er an seine langjährige Freundin Vittoria Colonna, die gefühlvollsten jedoch waren seinem jungen Freund und Geliebten Tommaso de' Cavalieri gewidmet.

Michelangelo Buonarroti starb in Rom, wurde jedoch in der Kirche Santa Croce seiner Heimatstadt Florenz, in die er immer wieder zurückgekehrt war, beigesetzt.

# Sant'Ivo alla Sapienza

Zwischen der Piazza Navona und dem Pantheon liegt ein verstecktes Kleinod. Es handelt sich um die Kirche der ersten Universität Roms (die heute noch „La Sapienza" heißt). Der Barockarchitekt Francesco Borromini hat die Kirche geschaffen, wobei er auf erhebliche Platzprobleme stieß, da die Umgebung schon vollständig bebaut war. Der Innenraum ist mit seinen (z.T. späteren) Stuckapplikationen eher unwichtig, weshalb man nicht traurig zu sein braucht, wenn sie gerade geschlossen ist. Die Kirche liegt am Ende eines länglichen, strengen aber schönen Renaissanceinnenhofs; dadurch entsteht eine Art Kulisse, die den Blick zur Kirchenfassade leitet. Das Schönste an dem Bau ist

Sant' Ivo mit der
gedrehten Laterne

Renaissanceinnenhof
mit Kuppel

jedoch die Kuppel (wenn man den türmchenartigen Aufbau überhaupt so nennen kann): Sie endet schraubenförmig in einem Feuerkranz und soll an den Leuchtturm von Alexandria erinnern, der wiederum als Symbol für das Licht des Christentums und der Weisheit verwendet wird. Sie ist dank ihrer besonderen Gestaltung von den meisten Aussichtspunkten der Stadt zu erkennen und die einzige ihrer Art. Man sollte es wirklich nicht verpassen, einen Blick darauf zu werfen, wenn man in der Umgebung ist.

*Corso del Rinascimento 40 / Bus: C3, 116, 30, 70, 81, 130, 186, 492, 628, 46, 64*

# S. Prassede
# S. Maria Maggiore
# S. Pudenziana

*Das Mosaiken-Dreieck*

Mosaiken sind Bilder mit geometrischen oder figürlichen Motiven, die nicht zuletzt bei den alten Römern sehr beliebt waren. In Rom waren sie zunächst (1./2. Jh. n.Chr.) hauptsächlich schwarzweiß (ein Ausflug nach Ostia Antica zeigt, wie gut man Dinge schon mit diesen zwei „Farben" darstellen kann!), später auch farbig. Die altrömischen Mosaiken bestanden aus mehr oder minder kleinen Würfeln aus Stein, d.h. ihre Oberfläche erscheint matt, während für die Mosaikbilder in den Kirchen gerne Glas verwendet wurde, um ihre Leuchtkraft zu steigern. Nach einer Vorzeichnung wurden die Würfel auf eine Zementschicht gelegt, die trocknete und so das Bild fixierte.

In einem kleinen Gässchen, ganz versteckt, findet man (wie so oft in Rom) einen kleinen Schatz aus vergangenen Zeiten. Der römische Barock scheint Lichtjahre von hier entfernt: ■ **Santa Prassede** ist eine kleinere, frühmittelalterliche Kirche, abseits der touristischen Trampelpfade, von außen fast nicht als Kirche zu erkennen. Schön ist der Cosmaten-Fußboden mit antik-römischen Marmorstücken, berühmt ist die Kirche jedoch als wichtigstes Beispiel für byzantinische Kunst in Rom. Der Besuch lohnt vor allem wegen der Mosaiken in der Apsis (Christus mit sechs Heiligen) und am Triumphbogen (das himmlische Jerusalem) und der winzigen Zeno-Kapelle, die im 9. Jh. an der Ostseite angebaut wurde und vollständig mit Mosaiken tapeziert ist. Durch die vielen goldfarbenen Steinchen des Hintergrunds kommen die Bilder auch bei schummrigem Licht zur Geltung. An der Decke ist Christus mit vier Engeln dargestellt, an den Wänden einige Jünger und Heilige.

Gleich um die Ecke liegt unübersehbar eine der vier sogenannten „Patriarchalbasiliken" Roms: ■ **Santa Maria Maggiore**. Im Innern fallen wahrscheinlich zuerst die 36 gleichen Säulen auf, die alle aus einem Junotempel stammen. Darüber sind Mosaiken aus dem 5. Jahrhundert n. Chr. (der Erbauungszeit der Kirche) mit Bildern aus der Mosesgeschichte. Über dem Triumphbogen erkennt man eine Geburt Christi, während im Halbrund der Apsis die besonders prunkvolle Krönung Mariens durch Jesus strahlt (um 1300). Bevor man die Kirche verlässt, sollte man einen Blick auf die einmalige Holzdecke, in die Cappella Sistina und die Cappella Paolina und auf das Grabmal von Gian Lorenzo Bernini werfen. Bemerkenswert sind die zwei ganz verschiedenen Ansichten der Kirche von der Fassade und (auf der anderen Seite, also auf dem Weg zur nächsten Etappe) am Fuß der großen Treppe.

Nur wenige hundert Meter den Äsquilin-Hügel hinunter steht die „dritte im Bunde": ■ **Santa Pudenziana**. Fast kein Römer kennt diese Kirche (die vermutlich in eine ehemalige Thermenanlage des 2. Jahrhunderts hineingebaut wurde), obwohl in ihr ein einzigartiges Mosaik zu besichtigen ist. Es stammt aus den ersten Jahren des 5. Jahrhundert und ist das älteste noch

erhaltene Apsismosaik in einer christlichen Kirche. Man sieht Christus in der Mitte auf einem Thron (der einzige mit Heiligenschein) und an den Seiten die Apostel. Es sind nur zehn, weil die beiden anderen bei einer Restaurierung vor ein paar Jahrhunderten leider verloren gingen. Die beiden Frauen könnten die Schwestern Pudenziana und Praxedis sein. Engel, Löwe, Stier und Adler sind die Symbole der vier Evangelisten.

Apsismosaik von Santa Maria Maggiore

 # Santi Quattro Coronati

Denkt man an Rom, fällt einem nicht gleich das Mittelalter ein. Der Komplex der „Vier Gekrönten" (laut Legende vier römische Soldaten, die hingerichtet wurden, weil sie sich geweigert hatten, fünf Bildhauer hinzurichten, die sich

Fresko aus dem Oratorio San Silvestro: Konstantin der Große führt Papst Silvester in die Stadt Rom

ihrerseits geweigert hatten, eine Äskulapstatue herzustellen) stammt aus dem Mittelalter und ist gerade deshalb einen Besuch wert, weil er für Rom untypisch ist.

Durch ein kleines Tor unter dem Glockenturm (ehemals Wehrturm) betritt man die befestigte Anlage, und durch zwei Innenhöfe, die von hohen Bauwerken eingezäunt werden, erreicht man die Kirche, die in ihren Maßen nicht mehr gut proportioniert wirkt, weil sie ursprünglich größer war und die Apsis nicht mehr zum Kircheninnern passt. An der Außenmauer sieht man noch die Säulen, die früher im Innern der Kirche standen. In Rom sollte man auch immer auf den Fußboden schauen: Hier handelt es sich um eine typische „Cosmaten-Arbeit" aus altrömischen Buntmarmorstücken. An der linken Seitenwand ist die Tür zum kleinen, aber feinen Kreuzgang mit Brunnen, an dem man unbedingt einen Moment haltmachen sollte.

Das Interessanteste am Komplex ist jedoch das Oratorio di S. Silvestro (vor dem Kircheneingang rechts ist die Tür zum Kloster; dort bekommt man auch den Schlüssel zum Oratorio), eine Kapelle mit Darstellungen der Legende von Kaiser Konstantin (ja, der von der Schlacht an der Milvischen Brücke im Jahr 313, der dem Christentum offiziell zum Durchbruch verhalf). Der Kaiser hatte eine schwere Hautkrankheit, und seine Berater hatten ihm empfohlen, in Kinderblut zu baden, womit die römischen Mütter nicht gerade einverstanden waren. In der Nacht träumte der Kaiser (mit vielen Flecken im Gesicht dargestellt) von Petrus und Paulus; er ließ Papst Silvester kommen, der ihm das Apostelbild zur Verehrung vorlegte und ihn durch die Taufe von der Krankheit befreite. Die Bilder aus dem 13. Jahrhundert sind noch sehr gut erhalten und zu erkennen.

*Geöffnet 9.30–12 Uhr und 16.30–18 Uhr / Via dei Querceti / Bus: 85, 117, 850*

 # Crypta Balbi

Lucius Cornelius Balbus war ein römischer Offizier und stammte aus Spanien. 13 v. Chr. ließ er auf dem Marsfeld ein Theater errichten, und über den Ruinen steht heute eines der neuesten und modernsten Museen Roms. Es ist deshalb modern, weil darauf Wert gelegt wurde, die Baugeschichte Roms zwischen Antike und Mittelalter verständlich zu machen. In der Tat ist diese Geschichte sehr gut nachzuvollziehen, denn im Museum gibt es – neben den noch sichtbaren altrömischen Resten – mehrere Modelle und Schautafeln (allerdings nur auf Italienisch und Englisch) mit Rekonstruktionen dieses Bereichs im Laufe der Jahrhunderte: Nachdem das Theater verfallen war, diente der Ort als Glasfabrik und Müllhalde, zeitweilig auch als Brennofen, in dem – man sollte es nicht glauben – wertvoller Marmor aus der Kaiserzeit zu Kalk verarbeitet wurde. Im Mittelalter wurden auf die ehemaligen Theaterränge kleine Häuser im Halbrund gebaut. Das ist heute noch über einem anderen Theater in der Via del Teatro di Pompeo eindeutig zu erkennen.

Nur am Wochenende ist im Keller auch die halbrunde Exedra zu besichtigen, die unter Kaiser Hadrian zu einer Latrine umfunktioniert wurde. Davon abgesehen, dass das Museum meist halbleer ist und man daher die Exponate gut sehen kann, weiß man nachher erheblich mehr über die Entwicklung der Stadt, insbesondere in den sog. „dunklen Jahrhunderten" des Mittelalters.

*Geöffnet Di–So 9–19.45 Uhr / Eintritt 7 €, ermäßigt 3,50 € (auch für die anderen Stätten des Museo Nazionale Romano gültig / Via delle Botteghe Oscure 31 / Bus: 46, 64, 916, 62, 571*

 # Galleria Borghese

Kleine Provokation: Dieses Museum ist alt. Alt (jedoch ausgezeichnet restauriert) ist der Bau, alt ist die Art der Ausstellung, alt bis antik sind die Exponate … – aber die Konzentration an absoluten Meisterwerken ist hier so hoch wie kaum anderswo.

Die Galleria Borghese entstand zu Beginn des 17. Jahrhunderts und geht auf einen der Herren zurück, denen wir den Begriff „Nepotismus" (Bevorzugung von Angehörigen, insbesondere Neffen) verdanken: Scipione Borghese, der eigentlich Caffarelli hieß, jedoch von seinem Onkel Papst Paul V. Borghese den gleichen Familiennamen erhielt, zum Kardinal ernannt wurde und die Möglichkeit bekam, große Reichtümer anzuhäufen und u.a. diesen Bau errichten zu lassen.

Hier kann man die großartigen Marmorskulpturen von Gian Lorenzo Bernini (u.a. für die Kolonnaden von St. Peter bekannt) bewundern (z.B. die Herausarbeitung der einzelnen Wirbel des alten Anchises auf dem Rücken seines Sohnes Äneas oder wie Zweige aus den Fingern der vor Apoll fliehenden Daphne herauswachsen), gleich sechs Gemälde von Cara-

vaggio (darunter David mit dem Haupt Goliaths, auf dem sich der Maler gleich zwei Mal selbst porträtierte), Werke von Rubens, Raffael, Tizian u.a. und, nicht zu vergessen, die weltberühmte „Siegreiche Venus" von Antonio Canova (1808) mit den Zügen von Paolina Bonaparte, einer Schwester Napoleons, die in die Borghese-Familie eingeheiratet hatte.

2009 hatte die Galleria Borghese fast eine halbe Million Besucher. Es ist notwendig, möglichst früh telefonisch oder per Internet zu reservieren (www.galleriaborghese.it).

Villa Borghese mit der gleichnamigen Galleria

*Geöffnet Di–So 9–19 Uhr, Einlass alle 2 Stunden / Eintritt 11 €, ermäßigt 6,50 € / Eintrittspreis kann im Zusammenhang mit Sonderausstellungen variieren / Piazzale del Museo Borghese 5 / Bus: 116, 52, 53, 910*

# Die große Caravaggio-Tour

Die Werke des „wilden" Michelangelo Merisi, nach seinem Geburtsort Caravaggio genannt, ziehen sich wie ein roter, oder besser „Hell-Dunkel-Faden" durch die wichtigsten römischen

Museen bzw. Bildergalerien und einige Kirchen. Sein Stil und sein Können sind einzigartig, unverwechselbar, zeitlos, modern. Es lohnt sich, bei einem Streifzug besonders auf diesen (lange Zeit fast vergessenen) Künstler zu achten, der bis zur Einführung des Euro von den 100.000-Lire-Scheinen schaute.

Für den Anfang eignet sich die ▧ **Galleria Borghese** (s. S. 96), weil dort gleich sechs Caravaggio-Bilder aufbewahrt werden und man sich nach der Besichtigung schön im Park erholen kann. *Der junge Bacchus* ist eindeutig kränklich; seine grünlich-ungesunde Gesichtsfarbe beweist es. Trotzdem ist er nur leicht bekleidet, trägt einen Efeukranz und scheint sich fast an seinen Trauben festzuhalten. Ebenfalls ein Jugendwerk ist der *Junge mit Fruchtkorb*, der den Betrachter sehnsüchtig bis provozierend anschaut. Bemerkenswert: die Natürlichkeit der Obststücke und Blätter. Ganz anders präsentiert sich *Der hl. Hieronymus*: mager und asketisch, in seinem roten Umhang. Das Licht fällt auf seine Glatze und auf einen Schädel, quasi um den Gegensatz zwischen Leben und Tod anzudeuten. Eine Familienszene zeigt die *Madonna dei Palafrenieri*: Maria und das Jesuskind zertreten eine Schlange (Symbol des Bösen, das vernichtet wird); Marias Mutter Anna schaut von der Seite zu. Das Bild wurde damals vom Auftraggeber abgelehnt, weil der Ausschnitt von Marias Kleid zu groß und das Jesuskind zu alt war und als herauskam, dass für die Muttergottes eine Prostituierte Modell gestanden hatte. Caravaggios *Johannes der Täufer* ist noch ein Kind, fast nackt und sehr nachdenklich. Aus der Bibel kennt man ihn als starken Erwachsenen, der als Eremit lebt und mit Fell bekleidet ist. Der Künstler bringt uns zum Nachdenken, indem er eine ganz eigenwillige Darstellungsweise wählt. Schließlich das eindrucksvollste Werk, ebenfalls eine biblische Geschichte: *David mit dem Haupt Goliaths*. Gerade hat der kleine David den bösen Koloss Goliath besiegt (sprich:

mit der Steinschleuder erlegt). Das Riesengesicht zeigt ein schon gebrochenes und ein (fast noch) sehendes Auge, während David keineswegs jubelnd über seinen Sieg, sondern fast traurig über den begangenen Mord dargestellt ist.

Eines der dramatischen Gemälde Caravaggios: Judith und Holofernes, Palazzo Barberini

In dem erst neu eröffneten ■ **Palazzo Barberini** (Via delle Quattro Fontane – Piazza Barberini) finden wir eine ähnliche Szene: *Judith tötet Holofernes*. Auch hier hat die junge Frau, die trotz des vielen Bluts ein makellos weißes Mieder trägt, keinen Gefallen an ihrer Aktion, versucht sogar Abstand zu halten, während die Alte am Bildrand zwischen Entsetzen und Blutgier auf die Szene schaut und ihre Schürze festhält, um Holofernes' Kopf darin wegtragen zu können. Gleicher Raum – völlig andere Szene: *Narziss* beugt sich herab und schaut ganz verliebt auf sein Spiegelbild im Wasser. Man bemerke vor allem, wie sich die komplizierten Falten im Wasser spiegeln.

Kunst zu sammeln war für die mächtigen römischen Familien Teil ihrer Selbstdarstellung, so auch für die Pamphilj. Seit 1767 präsentiert sich die ■ **Galleria Doria Pamphilj** in ihrem Palazzo weitgehend so, wie die Hausherren sie damals schon ihren Gästen zeigten: An den mit edlen Stoffen verkleideten Wänden hängen Werke von Tizian, Raffael oder Caravaggio, die Decken sind aufwändig verziert, und die Originalmöblierung hat sich auch bewahrt. Alle Räume sind fast vollständig mit Bildern tapeziert. Einzig das Porträt des berühmtesten Pamphilj, des Papstes Innozenz X., gemalt vom spanischen Meister Velazques, hängt allein in einem kleinen Raum. Der Blick des Papstes ist so stechend, dass man ihm nicht lange standhalten kann.

*Täglich geöffnet 9.00–19.00 Uhr / Eintritt 11 €, ermäßigt 7,50 € / Via del Corso 305 / Bus: 81, 85, 117, 119, 160, 175, 492, 628*

Von hier hat es man es nicht weit bis zur Kirche ■ **San Luigi dei Francesi**. In einer Seitenkapelle, der Cappella Contarelli vorn links, hängen gleich drei Bilder von Caravaggio. Es geht um das *Leben des hl. Matthäus*: die Berufung durch Christus (der Zöllner Levi spielt um Geld mit seinen Freunden); der Engel „erzählt" dem Evangelisten Matthäus den Text, den dieser aufschreiben soll, und das Martyrium, das durch die Beleuchtung der Arme und Beine besonders dynamisch wirkt. Drei unterschiedliche Darstellungsarten, die Spannung erzeugen und doch eine Einheit bilden.

Nur einen Steinwurf entfernt liegt ■ **Sant' Agostino** (Piazza) mit einem der originellsten Marienbilder überhaupt: der *Pilgermadonna*. Ihre nackten Füße sind salopp übereinandergeschlagen, genauso nackt sind die schmutzigen Füße der beiden Pilger. Das Jesuskind ist schon recht groß, scheint nicht auf dem Arm der Mutter bleiben zu wollen und greift ihr einfach in den Ausschnitt. Natürlich hatten die Auftraggeber auch an diesem Bild etwas auszusetzen.

Die dritte Kirche, die Caravaggio berühmt gemacht hat, erreicht man über die Via di Ripetta: ■ **Santa Maria del Popolo** auf dem gleichnamigen Platz, gleich neben dem Stadttor. Hier geht es um Roms Stadtheilige Petrus und Paulus. Man sieht, wie *Petrus* kopfüber gekreuzigt wird (wieder die vielen nackten Füße!) und wie *Paulus,* von Gott berufen, vom übergroßen Pferd stürzt. Leider ist die Wirkung der Bilder durch den engen Raum etwas beschränkt.

Außerdem gibt es noch zwei Werke in der ■ **Kapitolinischen Pinakothek**: *Die Handleserin* und ein weiteres Gemälde *Johannes der Täufer.*

Krönender Abschluss der Caravaggio-Tour kann die *Grablegung* in den ■ **Vatikanischen Museen** (Pinakothek) sein: Von der toten Hand am unteren Bildrand steigert sich die Dynamik bis zu dem lebhaften „Aufschrei" der beiden gespreizten Hände, und jede der Personen bekommt durch die Farbe der Kleider ihre spezielle Kennzeichnung. Der Mann im Vordergrund, der die Beine Christi hält, ist unverkennbar Caravaggios großes Vorbild: sein Namensvetter Michelangelo Buonarroti (übrigens wieder mit nackten Füßen …).

# Caravaggio (1571–1610)

*Sowohl mit dem Pinsel als auch mit dem Degen vertraut*

Michelangelo Merisi war kein echter Römer, er stammte aus Caravaggio bei Mailand. Nach einem Aufenthalt in Venedig, wo er schon in einige handgreifliche Streitigkeiten verwickelt war, zog er als Achtzehnjähriger nach Rom. Dort schlug er sich mehr schlecht als recht durch, war oft krank und als Maler ziemlich erfolglos, bis ein Kardinal auf ihn aufmerksam wurde und ihn bei sich unterbrachte. Dort konnte er ungestört arbeiten und bekam immer mehr Aufträge. In Rom war er also ein gemachter Mann, aber er konnte das Streiten nicht lassen. So kam es, dass er in einer Nacht des Jahres 1606 einen gewissen Ranuccio Tomassoni tötete. Caravaggio musste fliehen; zuerst in die nahegelegenen Sabiner Berge, dann nach Neapel, wo er sicher war, weil die Stadt unter spanischer und nicht unter päpstlicher Herrschaft stand. Er zog weiter nach Malta, wurde dort in den Malte-

serorden aufgenommen, ins Gefängnis gesteckt und wieder aus dem Orden ausgestoßen. Später tauchte er in Sizilien auf, 1609 wieder in Neapel, wo man ihm auflauerte und ihn schwer verwundete. In der Hoffnung auf eine päpstliche Begnadigung zog er wieder Richtung Rom, das er aber wegen einer Reihe widriger Umstände nicht erreichte. Er starb an einem Fieber bei Porto Ercole in der Südtoskana. Die ständige Flucht hinderte ihn allerdings nicht daran, weiter zu malen: Bei all dem unsicheren Hin und Her entstanden sogar seine eindrucksvollsten Werke.

Caravaggio war ein genialer und sehr innovativer Maler. Er entwickelte sein „Markenzeichen", den scharfen Kontrast zwischen Hell und Dunkel, das bis heute unerreicht ist; seine Bilder zeigen aber auch eine ganz besondere Dynamik: Auf ein und demselben Bild sind manche Figuren in starker Bewegung, andere ganz ruhig, was eine besondere Spannung schafft, die auch uns moderne Betrachter überrascht.

Zwar war er schon zu Lebzeiten berühmt und hatte hochgestellte Auftraggeber, allerdings waren manche seiner Arbeiten wohl doch zu „revolutionär" für ihre Zeit (besonders wegen der realistischen – man kann fast sagen „proletarischen" – Darstellung christlicher Themen) und mussten andere Käufer finden als die anfangs gedachten.

Zum Schluss noch ein Wort zu seinen verschwundenen Werken: Mehrere Bilder aus der Giustiniani-Sammlung wurden für die Berliner Gemäldegalerie angekauft, gingen jedoch im Zweiten Weltkrieg in Flammen auf – allein der *Amor als Sieger* blieb erhalten. Ganz rätselhaft ist das Schicksal einer *Geburt Christi*, die 1969 in Palermo gestohlen wurde: Manche meinen, das Bild sei verbrannt worden, nachdem es in einem Stall von Mäusen angefressen worden war, andere glauben, dass es bei einem Mafiaboss hängt, der es für seine persönliche Andacht nutzt. Die zweite Hypothese ist wahrscheinlicher.

# Etruskisches Museum (Villa Giulia)

Die ersten Römer waren mit den Etruskern verwandt – nur dass die Römer weniger zivilisiert und dafür aggressiver waren als die alteingesessenen Stämme, die einer nach dem anderen besiegt wurden und unter römische Hoheit kamen. Die Etrusker besiedelten Mittelitalien in vorchristlichen Jahrhunderten noch vor den Römern, hatten eine hohe Zivilisationsstufe erreicht und unterhielten u.a. rege Handelsbeziehungen nach Griechenland.

Viele der schönsten Stücke aus den ehemaligen Etruskergebieten nördlich von Rom (hauptsächlich aus Gräbern, denn Siedlungen sind keine erhalten) wurden in diesem Museum zusammengetragen. Da hier nie viel los ist, kann man sich alle Ausstellungsstücke in Ruhe ansehen, z.B. den „Sarcofago degli Sposi" (das dargestellte Ehepaar strahlt Lebensfreude statt Trauer aus und ist bei einem Festmahl dargestellt!) und die einmaligen Goldschmiedearbeiten.

Rätsel gibt den Forschern immer noch die etruskische Sprache auf, die übrigens von rechts nach links gelesen wird. Man kann die erhaltenen (meist kurzen) Texte zwar lesen, es sind aber nur ca. 200 Worte entziffert.

*Di–So geöffnet 8.30–19.30 Uhr / Eintritt 8 €, ermäßigt 4 € / Piazzale di Villa Giulia 9/ Bus: 926*

Der etruskische Sarcofago degli Sposi in der Villa Giulia

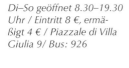

# Casa di Goethe

Während seiner Italienreise hielt sich der Dichterfürst längere Zeit in Rom auf, zu Gast beim Künstler Joachim Tischbein. Das Haus befindet am nördlichen Ende der Via del Corso und zeigt heute Zeugnisse aus Goethes römischer Zeit, wie Zeichnungen, Tagebucheinträge und sogar einen Liebesbrief, den eine Römerin an ihn schrieb. Auch gibt es hier viele Zeichnungen und Gemälde, die Goethe darstellen, und zwar „in einem entspannten Zustand", wie es auf der Homepage der Casa steht. Auch Sonderausstellungen, Dichterlesungen und andere kulturelle Veranstaltungen finden hier statt.

*Täglich geöffnet von 10–18 Uhr / Eintritt 5 €, ermäßigt 3 € / Via del Corso 18 (Piazza del Popolo) / Metro A. Flaminio; Bus: 52, 53, 63, 60, 61, 62, 175, 204, 25, 45, 490, 495, 88, 117, 118*

# MAXXI-Museo Nazionale delle Arti del XXI Secolo

In dem jüngsten Zuwachs in der römischen Museenlandschaft findet, wie der Name, „Museum der Künste des XXI. Jahrhunderts" schon verrät, das Neueste der Kunstszene ein Schaufenster. Vor der Eröffnung im Jahr 2010 wurde der eher klobige Bau der Stararchitektin Zaha Hadid aufs Heftigste kritisiert, vor allem wegen der vermeintlichen Verschwendung erheblicher Geldmittel aus der fast leeren Kommunalkasse. Der Innenraum entpuppt sich jedoch als dynamisch und genau durchdacht, mit verschlungenen Treppen, weiten Räumen und besonderem Lichteinfall. Im MAXXI befinden sich eine Kunst- und eine Architekturkollektion mit Werken italienischer und internationaler zeitgenössischer Maler, Bildhauer und Architekten. Da

*Di, Mi, Fr und So geöffnet 11–19 Uhr, Do und Sa geöffnet 11–22 Uhr / Eintritt 11 €, ermäßigt für Gruppen von 10 bis 25 Personen, Jugendliche von 15 bis 26 brauchen zu zweit nur ein (nicht ermäßigtes) Ticket / Via Guido Reni 4 A / Bus: 233, 2*

dieses Museum erst vor wenigen Jahren eröffnet wurde, ist die Sammlung noch im Werden; immer wieder werden neu angekaufte Exponate ausgestellt, und es finden interessante Ausstellungen statt.

Wird inzwischen akzeptiert: Das MAXXI

 # Museo della Civiltà Romana

Museumspädagogisch ist dieses Haus eher ein Dinosaurier, und die meisten der gezeigten Stücke sind nicht echt. Gleichwohl (oder gerade deswegen, weil die Rekonstruktionen möglichst exakt angefertigt wurden) geben die Exponate einen tiefen Einblick in die altrömische Kultur und Zivilisation. In der Tat war das Museum von Anfang an als „Schulmuseum" konzipiert.

Typische Architektur im Viertel EUR

Das Riesenmodell Roms zur Kaiserzeit, das auch in vielen deutschsprachigen Schulbüchern abgebildet wird, macht deutlich, wie groß und prächtig die Stadt damals war. Ein Bezirk des Museums ist nach Themen geordnet, ein anderer nach geschichtlichen Abschnitten. Im Raum, der Cäsar gewidmet ist, erhält man beispielsweise auch Aufschluss über seine ausgefeilte Militärtechnik. Der Bau mit seinen z.T. riesigen Räumen entspricht noch faschistischen Architekturvorstellungen: Die Pläne dazu stammen aus den Jahren vor dem Zweiten Weltkrieg, als man noch dachte, 1942 eine Weltausstellung in Rom zu veranstalten.

*Di–Sa geöffnet 9–14 Uhr/ Eintritt 8,50 €, ermäßigt 6,50 € / Piazza G. Agnelli 10 / Metro B: EUR Fermi; Bus: 30, 170, 671, 707, 714, 764, 765, 767, 791*

# Spaziergang auf dem Celio

Der Celio ist der siebte Hügel Roms, bei den Römern heute (fast) nur wegen des großen Militärkrankenhauses bekannt. Dabei war er in den ersten Jahrhunderten n. Chr. wegen seiner Nähe zu den Kaiserpalästen eine der vornehmsten Adressen Roms. Wenn man also vom Kolosseum und seinen Touristenmassen genug hat, biegt man einfach am höchsten Punkt über dem Kolosseum in die Via Claudia ein. Sie hat ihren Namen natürlich von Kaiser Claudius (47–51 n. Chr.), der hier eine Wasserleitung anlegte. Seine Frau Agrippina die Jüngere ließ außerdem nach seinem Tod für ihren inzwischen vergöttlichten Gatten („Divus Claudius") einen riesigen Tempel bauen, der allerdings schon im Jahr 64 beim berühmten Brand schwer beschädigt und danach von Nero zum Nymphäum für seine Domus Aurea umfunktioniert wurde.

Wir gehen nur wenige hundert Meter auf der Via Claudia (am z.T. altrömischen Mauerwerk entlang) – und tauchen regelrecht in eine andere Welt ein, die am ■ **Dolabella-Bogen** beginnt (Dolabella war übrigens keine Frau, sondern ein römischer Senator, der diesen Bogen in der Stadtmauer restaurieren ließ).

Über die Via San Paolo della Croce kommt man zur ■ **Piazza San Giovanni e Paolo** – sehr ruhig und hübsch – mit ihrem einzigartigen, von der Kirche getrennten Glockenturm und den eindrucksvollen Steinquadern, die ehemals zur Tempelanlage gehörten.

Der Kirche wurde außen im Laufe von Restaurierungsarbeiten ihr mittelalterliches Aussehen zurückgegeben, das jedoch nicht aus einem Guss ist. Das Innere stammt größtenteils aus dem

Der Clivo di Scauro

18. Jahrhundert (recht prächtig, weswegen die Kirche gerne für Hochzeiten verwendet wird).

Auf dem ■ **Clivo di Scauro** (mit seinen Befestigungsbögen für die Kirche und von wo aus man die Kirchenapsis mit den kleinen Säulen sieht) findet man bald auf der rechten Seite den Eingang zu den ■ **Case Romane**. Diese „Römischen Häuser" sind erst seit wenigen Jahren erschlossen und mehr als lohnend, weil man gut sehen kann, wie es damals in diesem Stadtteil und seinen vornehmen und weniger vornehmen Wohnhäusern ausgesehen hat. Unter anderem sind eine private Thermenanlage, ein großes Fresko mit Meeresdarstellungen und verschiedene mittelalterliche Fresken mit christlichen Themen zu besichtigen.

Am Fuß des Hügels angekommen, biegt man nach links und gelangt zur großen Freitreppe vor ■ **San Gregorio Magno** (wird momentan restauriert). Über einen Weg durch leider ungepflegte Gärten kommt man zu den drei Kirchlein (*oratori*) ■ **S. Silvia**, **S. Barbara** und **S. Andrea**, dessen Inneres mit den Fresken verschiedener namhafter Meister (Anfang des 17. Jahrhunderts) ausgestattet ist.

Auf dem Clivo di Scauro geht's wieder hinauf bis zum Tor (rechts), das in die ■ **Villa Celimontana** hineinführt. Hier finden im Sommer immer gut besuchte Jazzkonzerte statt. Normalerweise ist der kleine Park jedoch unter der Woche meist leer, und deshalb eignet er sich ausgezeichnet zum Ausruhen und Picknicken, bevor man zu den letzten beiden Zielen des Spaziergangs aufbricht:

■ **Santa Maria in Domnica** (oder „in Navicella", wegen des Brunnens mit dem Schiffchen, der davorsteht) – bemerkenswert vor allem wegen des Mosaiks in der Apsis aus dem 9. Jahrhundert. Die kniende Gestalt ist Papst Paschalis I., der die Kirche stiftete und mit eckigem Heiligenschein (weil noch lebend) dargestellt wird. Unter den Fenstern an den Seitenwänden stehen Bezeichnungen für Maria – wusstet ihr, dass sie sogar als Elfenbeinturm bezeichnet wird?

■ **Santo Stefano Rotondo** – Der Rundbau entstand schon im 5 Jahrhundert, wurde jedoch später verkleinert (die heutige Außenmauer war ursprünglich der zweite Säulenring, was man heute noch erkennen kann). Die Besonderheit der Kirche sind die äußerst blutigen Darstellungen von verschiedenen Folterarten an christlichen Märtyrern; kunstvoller sind vielleicht die Ton-in-Ton Zeichnungen an der Altarschranke.

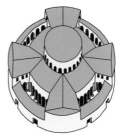

Modellzeichnung von Santo Stefano Rotondo

# Museo Storico della Liberazione

*Eine der schrecklichsten Spuren deutscher Geschichte in Rom*

Am 8. September 1943 sagten sich die Italiener von Nazideutschland los. Daraufhin besetzten die deutschen Truppen sofort die Stadt und rächten sich gewissermaßen an dem italienischen „Verrat", indem sie so viele (vermeintliche) Widerstandskämpfer wie möglich gefangen nahmen, z.T. folterten und hinrichteten.

Berüchtigt wurde in dieser Zeit die „Via Tasso", ein zum Gefängnis umgebautes Gebäude mit angeschlossener Kaserne. Viele Italiener mussten hier Schreckliches erleiden, bis im Juni 1944 die Alliierten Rom kampflos einnahmen. Einige Räume sind noch genauso erhalten, wie sie 1944 aussahen, einschließlich der von den Gefangenen gekratzten Wandgraffiti. Eine eindrucksvolle Gedenkstätte für ein dunkles Kapitel der deutsch-italienischen Beziehungen. Leider interessieren sich die Römer nicht sehr dafür, und das Museo ist immer wieder in seiner Existenz bedroht.

*Di–So geöffnet 9.30 – 12.30 Uhr; Di, Do, Fr auch 15.30 – 19.30 Uhr; August und Feiertage geschlossen / Eintritt frei / Via Tasso 145 / Metro A: Manzoni, Bus: 85, 87, 16, 415, 617.*

# Scuderie del Quirinale

*Öffnungszeiten je nach Ausstellung, sonst geschlossen / Via 24 Maggio 16 / Bus: 64, 70, 117, 170*

*Scuderia* bedeutet Pferdestall. In den Ställen auf dem Quirinal wurden die „päpstlichen" Pferde untergebracht, als der Pontifex noch auf diesem römischen Hügel residierte. Infolge der Einigung Italiens im Jahr 1870 zog der Papst endgültig in den Vatikan. Seitdem ist der Quirinalspalast das Zuhause zunächst der italienischen Könige und dann der Präsidenten gewesen.

Von der ehemaligen Nutzung ist nur ein Element übriggeblieben, nämlich die große, breite Treppe mit flachen Stufen, damit die Pferde mühelos ins obere Stockwerk gelangen konnten, wo sich heute die Ausstellungsräume befinden. Seit der Eröffnung (2000) werden jährlich mindestens zwei auch international profilierte Ausstellungen gezeigt. Die hohen Räume liegen auf zwei Etagen, dazwischen befindet sich eine recht teure Bar, die jedoch dank ihrer hohen Fenster den Vorzug einer tollen Aussicht auf den Quirinalspalast und den davorliegenden

*Die Scuderie von der Piazza del Quirinale aus gesehen*

Norditalienisch beeinflusst: die Fassade des Palazzo delle Esposizioni

Brunnen mit den beiden Dioskuren Kastor und Pollux neben einem Obelisk besitzt. Ein Nachteil der Scuderie liegt darin, dass die Sitzgelegenheiten von der italienischen Architektin Gae Aulenti zwar an verschiedenen Orten angelegt wurden, jedoch nur dort, wo von der laufenden Ausstellung nichts zu sehen ist. Beim Verlassen der Ausstellungsräume geht man eine Treppe neben einer Glaswand hinunter; von dort genießt man eine sehr schöne Aussicht über die Stadt Richtung Petersdom. Der Shop der Scuderie bietet neben italienischen auch viele Kunstbücher auf Englisch an.

# Palazzo delle Esposizioni

Nachdem der Palazzo delle Esposizioni, wörtlich übersetzt „Ausstellungspalast", jahrelang renoviert wurde, erstrahlt er wieder im ursprünglichen Weiß. Auf der surreal großen Treppe, die zum Eingang führt, kann man sich hervorragend ausruhen und auf die hektische Einkaufs- und Durchfahrtsstraße Via Nazionale hinunterschauen. Der ganze Palazzo ist von klassischen Bauelementen geprägt, im Innern jedoch wurde eher auf Schmucklosigkeit gesetzt, damit die Besucher sich besser auf die ausgestellten Werke konzentrieren können. In der Tat ist der von Anfang an als Ausstellungsstätte konzipierte Palazzo mit seinen sieben „Zimmern" um den großen, überdachten Innenhof für eine fachgerechte Vorstellung auch höchst unterschiedlicher Exponate (von antiken Mosaiken oder etruskischen Sarkophagen bis zu modernem Schmuck) ausgezeichnet. Im Unter- oder Obergeschoss werden oft gebührenfrei Fotoausstellungen angeboten. Im Untergeschoss liegt die ebenfalls in Weiß gestaltete Design-Bar, die sich innerhalb kurzer Zeit zu einem begehrten Treff nicht nur der Ausstellungsbesucher entwickelt hat. Daneben befindet sich der Eingang zum Design- und Bookshop, den man tatsächlich mit einer gut bestückten Buchhandlung vergleichen kann, denn dort findet man ein gutes Sortiment von Publikationen zu Kunst und Architektur, ein riesiges Angebot von Fotobänden genauso wie schräge Comics und Filme.

*Öffnungszeiten je nach Ausstellung / Via Nazionale 194 / Bus: 64, 70, 117, 170*

# Complesso del Vittoriano

Um zu den Ausstellungen im Vittoriano zu kommen, muss man (von der Piazza Venezia kommend) an der linken Seite des Denkmals entlanglaufen, und bald darauf wird man den durch Poster angezeigten Eingang finden. Die Ausstellungen im Vittoriano sind für Besucher mit Platzangst wenig ratsam, denn die Räume sind klein, und auf dem ganzen Rundgang gibt es nur zwei kleine Fenster (Abhilfe wurde schon versprochen). Außerdem kann es bei größerem Besucherandrang recht stickig werden. Sitzgelegenheiten fehlen völlig, und der Bookshop ist ziemlich dürftig ausgestattet. Trotz allem sollte man wichtigere Ausstellungen insbesondere moderner Kunst nicht verpassen, denn oft werden weltberühmte Stücke gezeigt. Man sollte sich jedoch darauf gefasst machen, wunderschöne Exponate in einem unpassenden Rahmen gezeigt zu bekommen.

*Öffnungszeiten je nach Ausstellung / Via di San Pietro in Carcere / Bus: 60, 85, 87, 175*

# Chiostro del Bramante

Wo einst ein Kloster war, ist jetzt Kunst. Der „Kreuzgang" für die Kirche S. Maria della Pace war die erste Arbeit des Architekten Donato Bramante in Rom (1504); später schuf er noch mehrere bedeutende Bauwerke im Vatikan und den wunderhübschen „Tempietto" am Abhang des Gianicolo, der auch einen Besuch wert ist. Um den Innenhof herum öffnen sich die Ausstellungsräume, und man muss immer wieder den Innenhof anschauen, wenn man von einem Raum in

den anderen geht. Seine strenge Eleganz zieht jeden Besucher in seinen Bann, was auch darauf zurückzuführen ist, dass die Größenverhältnisse stimmen. Der Kreuzgang sollte ein Ort der Besinnung für die Mönche sein und nicht Macht zur Schau stellen, wie die Innenhöfe der Palazzi der Adelsfamilien. Bemerkenswert einladend sind die Sitze, die im ersten Stockwerk rings in die Mauer des Innenhofs eingelassen sind. Es gibt auch eine teure Bar (die sich als Designbar verkleidet) sowie einen Bookshop mit einem ordentlichen Sortiment. Eigentlich ist der Chiostro allein das Ticket wert, die jeweilige Ausstellung gibt's dazu.

*Öffnungszeiten je nach Ausstellung / Via della Pace 5 / Bus: C3, 116, 30, 70, 81, 130, 186, 492, 628, 46, 64*

# Ausflüge

# Ostia Antica

Ostia war der Hafen von Rom und deshalb sehr wichtig für die Stadt; vor allem Getreide, aber auch kostbarer Marmor, Öl, Stoffe usw. kamen per Schiff aus den Provinzen in Ostia an. Der Hafen war an die Tibermündung gelegt worden, damit der Fluss als Transportweg genutzt werden konnte. Was Ostia Antica für heutige Besucher so besonders macht: Man besichtigt praktisch ein „Rom in klein", das antikes Alltagsleben greifbar macht, und es stehen hier die Reste vieler Gebäude, die es ähnlich auch in Rom gab: ein Theater mit Platz für 4000 Zuschauer (wo im Sommer immer noch Vorstellungen stattfinden), eine Kurie (wo der Stadtrat tagte), sogar ein Kapitol und Thermenanlagen mit sehr großen und großartigen Mosaiken. Aber noch mehr: In Ostia Antica, das im 4. Jahrhundert n.Chr. wegen Malariaepidemien endgültig verlassen wurde und seitdem im Dornröschenschlaf liegt, sind Dinge erhalten, die man in Rom schon lange nicht mehr sehen kann. Beispielsweise eine der antiken Tavernen bzw. Imbissbuden (*cauponae* – die wahren Vorläufer des Take away), die sehr verbreitet waren, da in den römischen Hochhäusern wegen Brandgefahr offenes Feuer und Kochen verbo-

*Es wird empfohlen, bei längeren Rombesuchen die Stadt auch mal zu verlassen. Es gibt verschiedene Ziele, die in kurzer Zeit mit dem öffentlichen Nahverkehr zu erreichen sind.*

Blick in den Garten der Villa d'Este

Fußbodenmosaik in Ostia Antica: die Wölfin mit Romulus und Remus

Der Canopus in der Villa Adriana

■ **Villa Adriana:** Der Philosophenkaiser Hadrian konnte das römische Stadtgetümmel gar nicht aushalten. Deshalb ließ er sich 118–138 n.Chr. in Tivoli eine Villa bauen, die den römischen Palästen in nichts nachstand. Hadrian, der mehr zu den Künsten als zur Machtausübung neigte, soll mehrere Gebäude selbst entworfen haben. Viele Architekten haben in dieser Villa Inspiration gefunden. Beim Eingang befindet sich ein großes Modell, das die Bauten in seiner ursprünglichen Anlage zeigt und einen Eindruck von der Großartigkeit der Villa vermittelt. Canopus (Nachbau eines Kanals in Ägypten, der Alexandria mit der Stadt Canopus verband), Serapeium (Speisesaal), Große und Kleine Thermen und das wunderschöne „Teatro Marittimo" mit Wasserkanal, dessen Insel über zwei Drehbrücken zu erreichen war, trugen dem Komplex den Namen „römisches Versailles" ein.

Leider gibt es in der Villa zurzeit viele Baustellen wegen Restaurierungen, die hoffentlich bald abgeschlossen sein werden.

■ **Villa d'Este:** Die Anlage an einem recht steilen Abhang am Rande der Innenstadt ist ein Meisterwerk der Renaissance. Schon der überluxuriös gestaltete Palazzo ist den Besuch wert. Zur Gartenanlage zunächst ein paar Daten: 35.000 m² Fläche, 50 Brunnen mit 100 Wasserbecken und 250 Wasserspiele, 255 Wasserfälle, 20 Nischen und Terrassen, 150 jahrhundertealte Bäume, 45.000 sonstige Zierpflanzen und sogar

Die Villa d'Este ist vor allem wegen ihres Gartens mit vielen Brunnen und Wasserspielen bekannt

eine (kürzlich restaurierte) Wasserorgel. Wer Lust hat, kann nachzählen.

Zu Recht ist dieser Ort weltberühmt (und entsprechend von Touristen überlaufen). Von Anfang an war er ja dazu gedacht, die Besucher zu verblüffen, und das gelingt immer noch. Die relative Nachlässigkeit in der Instandhaltung trägt eher noch zum Charme des Gartens bei. Besonders schön: Im Sommer ist der Garten am Freitag und Samstag auch abends geöffnet (mit Musik von der Wasserorgel!). Ein unvergessliches Erlebnis.

 **Villa Gregoriana:** Diese Villa ist ein Sonderfall: Papst Gregor XVI. wollte die Stadt Tivoli vor den Hochwassern des Flusses Aniene schützen und ließ den Strom umleiten. Die Umleitung erzeugte ein äußerst malerisches Ergebnis, und so ließ der Papst im Stil der Romantik einen wildromantischen Park anlegen. Es wurden sogar Ruinen einer römischen Villa in den Garten eingearbeitet. Schluchten, Wasserfälle, Wäldchen u.a. machen den Spaziergang abwechslungsreich.

# Etruskernekropole von Cerveteri (Necropoli della Banditaccia)

Die Etrusker waren eines der Völker, die in Italien lebten, bevor die Römer alles eroberten. Das Einzige, was von ihnen geblieben ist, sind ihre Gräber, denn die meisten ihrer Bauten waren aus Holz. Da aber ihre Gräber fast genauso aussehen wie einst ihre Wohnhäuser, kann man viele Rückschlüsse auf ihr Alltagsleben ziehen (unter anderem dass Frauen in der etruskischen Gesellschaft eine wichtige Rolle spielten). Bes-

tens dazu geeignet ist die Nekropole (griechisch für Totenstadt) von Cerveteri, genannt „Necropoli della Banditaccia". Auf einem weitläufigen Areal sieht man eine Vielzahl von unterschiedlich großen, runden Hügeln, die *tumuli*. Es sind die Grabstätten der Etrusker. Sie sind künstlich angelegt (in das leicht zu bearbeitende Tuffgestein gehauen) und sollten für die Ewigkeit dauern, was ihnen recht gut gelungen ist. Da man sich verlaufen kann, ist es angezeigt, dem Rundgang zu folgen. Viele Tumuli sind offen und mit Treppen ausgestattet, so dass man hineingehen bzw. hintersteigen kann. Besonders bemerkenswert sind die „Tomba dei Capitelli" mit sehenswerten Kapitellen im Innenraum und die „Tomba dei Rilievi", denn an den Wänden sind Alltagsgegenstände nachgebildet. Die

Cerveteri: die Via degli Inferi

Innenansicht eines Tumulo

schönsten Stücke aus den Gräbern sind übrigens im Etruskischen Museum in Rom zu sehen.

Von der Nekropole sind es nur wenige hundert Meter bis zur landschaftlich wunderschönen „Via degli Inferi" ganz im Grünen, die als Verbindungsstraße zwischen der Stadt und der Nekropole diente und tief in den Stein gehauen wurde.

#  Subiaco

Wer vom Chaos der Stadt genug hat und sich nach Ruhe und Sammlung sehnt, kann mit dem Auto oder Bus (ca. 75 Minuten ab Metrostation B Ponte Mammolo) nach Subiaco fahren. Der hl. Benedikt von Nursia legte hier den Grundstein zum westlichen Mönchtum, auf ihn berufen sich die Benediktiner. Die beiden großen Klöster Santa Scolastica und San Benedetto sind nicht nur landschaftlich schön gelegen, sie sind auch eine Besichtigung wert.

In Subiaco wurden die ersten Bücher auf italienischem Boden gedruckt, und zwar von Druckern aus Mainz (wo der Erfinder des Buchdrucks, Johannes Gutenberg, zuhause war). Kopien ihrer Werke sind im ersten Kreuzgang von Santa Scolastica zu sehen (Öffnungszeiten vorher erkunden; die Klöster sind über Mittag länger geschlossen!).

#  Ans Meer!

In der Nähe von Rom sind die Strände zwar nicht gerade wunderschön, aber zur Abwechslung tut ein Ausflug (ca. 1 Stunde Fahrzeit) nach Ostia richtig gut.

Die einfachste Lösung (auch die preiswerteste, weil Zug und Bus mit einem normalen BIT-Fahrschein benutzt werden können, da Ostia zum römischen Stadtgebiet gehört): Man nimmt den Zug ab der Haltestelle Piramide bis zur Endhaltestelle Cristoforo Colombo, von dort den Bus 07 Richtung Süden und steigt an einem der „Cancelli" (Tore zum Strand) aus. Es gibt sieben davon, und unter der Woche ist der Strand natürlich nicht so überfüllt wie am Wochenende (mehr Infos: www.castelporziano.com).

Dass die Sonne (nicht nur im Hochsommer!!) oft mörderisch ist und deshalb Sonnenschutz und -brille (eventuell auch Picknick!) unbedingt mitmüssen, braucht wohl nicht erwähnt zu werden … es sei denn, man will sich den Urlaub durch Sonnenbrand bzw. Hitzschlag ruinieren.

In Ostia ist übrigens auch abends und nachts viel los, natürlich vor allem von Mai bis September (vorher über Rückfahrmöglichkeiten nach Rom informieren!).

# Lebens- und Liebenswertes

## Von Aperitivo bis Zabaione-Eis

##  Parks

Villa Celimontana

Eigentlich ist Rom eine recht grüne Stadt: In vielen Straßen sind Bäume angepflanzt und ein paar große öffentliche Parks gibt es auch. Sie liegen sinnigerweise in unterschiedlichen Vierteln und eignen sich alle zum Chillen, Picknicken, Joggen, Abhängen usw. Die Bezeichnungen haben sie übrigens zumeist von ihrem Aussehen auf der Landkarte.

### ■ Roms grüne Wanne: Villa Doria Pamphilj

Im Westen der Stadt gelegen, ist dieser Park der größte Roms (184 Hektar). Er geht, wie die anderen auch, auf eine Familie des römischen Hochadels zurück. Das hübsche (nicht zugängliche) Casino dell'Algardi dient der italienischen Regierung zu Repräsentationszwecken. Heute ist der Park durch eine Schnellstraße zerschnitten, über die jedoch eine Fußgängerbrücke führt. Gleich neben der Brücke liegt das nette „Vivi Bistrot") für einen Caffè zwischendurch.

*Geöffnet von 7.00 Uhr bis Sonnenuntergang. (Eingänge: Via Aurelia Antica, Viale Leone XIII, Via Vitellia)*

## ◼ Roms grüne Lunge: Villa Ada

Der vielleicht grünste und schattigste römische Park liegt etwas abseits von der Innenstadt in Wohngebieten. Da er fast so groß ist wie Villa Pamphilj, aber weniger besucht wird, kann hier jeder sein einsames Plätzchen finden. Ein kleiner See ist auch vorhanden, auf seinem Inselchen finden im Sommer Konzerte statt.

*Brunnen in der Villa Pamphilij*

*Geöffnet von Sonnenaufgang bis Sonnenuntergang*

## ◼ Roms grünes Herz: Villa Borghese

Die Bezeichnung „Herz" stimmt auch geografisch, denn der Park reicht bis zur Piazza del Popolo, von der man auf den Pincio-Hügel hinaufsteigen kann, um das Panorama in Richtung St. Peter zu genießen. Villa Borghese bietet neben Grünflächen auch weitere Attraktionen zum Entspannen: Bootfahren auf dem See, Skaten (oder den Skatern zuschauen), nette Bars zum genüsslichen Kaffeetrinken

Fingang zum Zoo in der
Villa Borghese

(eine hat sogar eine Wasseruhr). Im nördlichen Bereich befindet sich der „Bioparco" genannte Zoo, gleich daneben die weltberühmte Galleria Borghese (für Kunstfreunde ein Muss! S. 96). Westlich des Parks liegt die Galleria Nazionale di Arte Moderna (klassische Moderne, nicht zeitgenössische Kunst).

### ■ Villa Celimontana

Den kleinen Park in der Nähe des Kolosseums kennen die Römer fast nur wegen der dort im Sommer stattfindenden Jazzkonzerte. Eine Ruhepause lohnt sich dort allemal.

#  Il Caffè

Zunächst: Ein Caffè ist kein Getränk und hat nichts mit Durst zu tun. Man könnte ihn eher mit einer Praline vergleichen, denn man trinkt ihn allein des Geschmacks wegen (manche auch zum Aufwachen). Da „il Caffè" meist mit einem Barbesuch verbunden ist, kommt ihm auch eine soziale Funktion zu. Mehrmalige Barbesuche am Tag sind bei uns keine Seltenheit, und in den Vierteln mit hoher Bevölkerungsdichte ist unter Umständen ein Dutzend Bars zu Fuß zu erreichen. Dennoch hat in Rom fast jeder seine „Stamm-Bar", manche sogar zwei, nämlich eine nahe am Zuhause und eine in der Nähe der Arbeitsstelle.

In den Haushalten kommt nach wie vor hauptsächlich die dreiteilige „Moka" zum Einsatz, die wenig Platz braucht und zu einem annehmbaren Preis einen akzeptablen Kaffee zubereitet. In den letzten Jahren wurden auch hierzulande recht viele Geräte verkauft, die Kaffee aus Kapseln herstellen, aber viele sind noch skeptisch, andere haben dafür in der (oft winzigen) Küche keinen Platz und wieder anderen ist der Spaß schlicht zu teuer.

Bei Nicht-Italienern bestehen nach wie vor erhebliche Wissenslücken in Bezug auf den italienischen Kaffee. Deshalb hier eine kurze Übersicht mit ein paar nützlichen Hinweisen.

Granita di Caffè

# Variazioni sul Caffè

■ **Caffè**: ungefähr das, was man in Deutschland als Espresso bezeichnet, allerdings meistens noch konzentrierter. Der einzig wahre Caffè kommt aus den Hochdruckkaffeemaschinen, wie sie in den Bars stehen; der Kontakt mit dem Kaffeepulver ist kurz, weshalb der Caffè auch erheblich weniger Koffein enthält als ein deutscher Kaffee. Manche mögen ihn nicht im Tässchen und verlangen ihn *al vetro*, bekommen die ca. 10 ml also im Gläschen serviert. Will man seinen Caffè mitnehmen, bestellt man ihn *a portar via* (neudeutsch *to go*).

■ **Macchiato**: Der Caffè mit einem Schuss heißer (*macchiato caldo*) oder kalter (*macchiato freddo*) Milch, oder auch mit bisschen Milchschaum (*con schiuma*).

■ **Caffè freddo**: an warmen Tagen durchaus erfrischend. Der Caffè wird (manchmal zu stark) gezuckert und dann gekühlt.

■ **Cappuccino**: Cappuccino ist in Italien grundsätzlich nur zur Frühstückszeit (bis gegen 11 Uhr) gestattet, danach kennzeichnet er den Ausländer. Absolut verboten ist der Cappuccino nach dem Essen (insbesondere im Restaurant). Es gibt einige Römer, die sich sogar damit brüsten, noch nie in ihrem Leben einen Cappuccino bestellt zu haben. Er besteht grundsätzlich aus einem Caffè mit Milch und Milchschaum, wobei der Kunde seinen Wünschen freien Lauf lassen kann (*chiaro* hell, also mit mehr Milch, *scuro* dunkel, *con latte freddo* mit kalter Milch", *con cacao* – mit Kakaopulver obendrauf, usw.).

Im Sommer frühstücken manche mit einem ■ **Cappuccino freddo**, den man auf zwei Arten haben kann: entweder mit kaltem Caffè und kalter Milch, oder mit heißem Caffè und kalter Milch.

■ **Caffèlatte** bzw. **Latte macchiato** ist einfach Milch mit Kaffee drin – im ersten noch bisschen mehr, im zweiten weniger.

■ **Ristretto**: Ein Caffè mit noch weniger Wasser, also eigentlich nur ein Schlückchen.

■ **Lungo**: Ein „langer" Caffè mit etwas mehr Wasser als im normalen.

■ **Americano**: Der Americano ist das Koffeingetränk, das dem deutschen Kaffee am nächsten kommt. Er wird aber anders hergestellt und schmeckt auch etwas anders.

■ **Marocchino**: Dieser Caffè wird nur im Gläschen serviert, weil man die Schichten sehen soll: zunächst natürlich der Kaffee, dann

eine Schicht Kakaopulver, dann Milchschaum, und schließlich noch mal Kakaopulver.

■ **Corretto**: Hierbei wird der Caffè durch die Zugabe von etwas Hochprozentigem (Grappa, Brandy, Sambuca u.a.) „korrigiert". Der Caffè corretto ist eher in Norditalien und insbesondere unter älteren Herren verbreitet, aber wer's mag …

Eine köstliche Besonderheit ist die ■ **Granita di Caffè**, für die der Caffè zunächst gefroren, dann zerstoßen und mit Schlagsahne serviert wird. Es gibt sie nur in wenigen Bars, und natürlich nicht im Winter. Wenn man aber einmal eine gute erwischt hat, kommt man nicht mehr davon los.

Natürlich gibt's den Caffè und seine heißen Ableitungen auch entkoffeiniert (**decaffeinato**).

So, jetzt seid ihr gewappnet, und wenn jemand „due, di cui uno macchiato caldo con schiuma e l'altro decaffeinato lungo al vetro!" über den Tresen schreit, wisst ihr, was gemeint ist.

In Rom haben immer mehr Bars entdeckt, dass man mehr Geld verdienen kann, wenn man ein paar Tischchen und Stühle vor den Tresen und auf die Straße stellt. Zwar kosten die „consumazioni" (Speisen und Getränke) erheblich mehr, wenn man sich hinsetzt, es ist aber auch gemütlicher, und man kann sich Zeit nehmen, um Menschen und das Geschehen ringsum zu beobachten.

Unter den Tausenden von römischen Kaffee-Bars eine Auswahl zu treffen, ist fast unmöglich. Es sind hier daher nur einige wenige aufgeführt, die etwas Besonderes (vor allem eine eigene Rösterei) zu bieten haben.

Für Caffè-Liebhaber ein
Muss: Sant' Eustachio

## ■ Sant'Eustachio

Wohl die berühmteste Bar von Rom mit eigener Rösterei, weit über die Landesgrenzen hinaus bekannt. Ihr Charme besteht nicht zuletzt darin, dass sich die Ausstattung seit mehreren Jahrzehnten nicht verändert hat. Die Spezialität des Hauses ist der „Gran Caffè Sant'Eustachio", ein doppelter, äußerst cremiger Kaffee, der wirklich gut schmeckt. Da man den Caffè hier normalerweise schon mit einem Löffel Zucker bekommt, muss man – wenn man das Gebräu bitter mag – beim Bestellen „non zuccherato" dazusagen. Neben der Kasse sind einige Köstlichkeiten aufgebaut, die mit Sant'Eustachio-Kaffee produziert werden, z.B. Trüffel aus Kaffee-Schokolade oder Schokodrops mit einer Kaffeebohne im Innern (eignen sich hervorragend als Mitbringsel für Kaffee-Fans!).

Piazza di Sant'Eustachio
82

## ■ Tazza d'Oro

Eigentlich riecht die ganze Gasse gleich hinter dem Pantheon, an der diese Bar und Rösterei liegt, nach Kaffee. Auch hier ist die Ausstattung wunderbar altmodisch, der Caffè nach wie vor ausgezeichnet. Man kann ihn auch in verschiedenen Sorten für zu Hause kaufen.

Das Beste ist hier jedoch die Granita: Schlagsahne unten im Becher, dann eine dicke Schicht gefrorener, zerstoßener Kaffee, und obendrauf noch mal viel Schlagsahne. Ein Gedicht!

Via degli Orfani 84 –
So Ruhetag

### ■ Andreotti

Seit 1931 steht dieser Familienbetrieb für die hohe Qualität seiner Produkte. Hier kann man sich vom Frühstück bis zum Aperitif verwöhnen lassen, insbesondere ihre Pasticcini sind sehr zu empfehlen. Vor wenigen Jahren wurde der Innenraum renoviert, deshalb sieht es im Vergleich zu anderen römischen Bars geradezu futuristisch aus. Der Beliebtheit dieser Pasticceria tut dies keinen Abbruch.

*Via Ostiense 54*

### ■ Dado Chalet

Kaffee im Grünen mit Blick auf die Peterskuppel und (zur richtigen Jahreszeit) sogar Rosenduft? Hier kann man das alles haben. Das kleine Holzhäuschen liegt zwar abseits der Haupttouristenattraktionen und ist bisher eher bei den Einwohnern des Viertels (aber auch darüber hinaus) bekannt, wenn man aber an einem sonnigen Tag etwas relaxen und dabei im Freien sitzend seinen Cappuccino oder Caffè schlürfen möchte, ist man hier richtig. Im Hochsommer hat das Chalet einen weiteren Vorzug: Da es auf einem Hügel liegt, weht abends und nachts ein sehr angenehmer Wind.

*Via Sabiniano – Di Ruhetag*

### ■ Caffè Farnese

Wer's eleganter mag, setzt sich einfach an einem schönen Frühlingsvormittag an ein Tischchen der Bar an der Ecke Piazza Farnese/Via dei

Immer gut besucht:
Caffè Farnese

Baullari. Inbegriffen im hohen Preis von Cappuccino und Cornetto ist die einmalige Aussicht auf den Palazzo Farnese (heute Französische Botschaft) samt vieler römischer und ausländischer Spätaufsteher.

*Piazza Farnese 106 – Ecke Via dei Baullari*

Und noch ein Kuckucksei:

### ■ Ciòccolati

Der Name ist ein Wortspiel zwischen „Schokoladen" und „Verwöhn dich" – und es stimmt: In den vier Ladencafés dieser Mini-Kette gibt's die beste heiße Schokolade der Stadt, aber nicht nur das: sehr guten Tee und Kaffee plus Pralinen natürlich auch. An einem kalten, regnerischen Tag genau die richtige Adresse.

*Via Marianna Dionigi 36 – Piazza Cavour – Mo Abend geschlossen*

# ■ Gelati

Eis darf im römischen Sommerspeiseplan auf keinen Fall fehlen. Viele Eisdielen stellen ihr Gelato noch selbst her, werden also nicht industriell beliefert – und das schmeckt man. Oft ist man hin- und hergerissen zwischen den Klassikern und den Kreationen besonderer Art… Hier also eine Auswahl der getesteten und für gut befundenen Eisdielen.

Bezahlt wird übrigens nicht nach Anzahl der Kugeln oder Sorten (Kugeln gibt's sowieso nicht), sondern nach Größe des Behälters (Waffel oder Becher), in den das Gelato gespachtelt wird.

### ■ GIOLITTI (Pantheon)

Der Klassiker schlechthin (auch bei Touristen). Viele verschiedene Sorten (im Sommer noch mehr als im Winter). Besonders

empfehlenswert: die ausgefallenen Fruchtsorten, die wirklich nach dem entsprechenden Obst schmecken. In der Hochsaison ist der Tresen immer belagert; deshalb muss man sich auf Wartezeiten gefasst machen und sein Eis über die Köpfe der anderen hinweg balancieren. Wer sich im altmodischen Nebenraum an ein Tischchen setzt, zahlt gleich das Vierfache.

*Via degli Uffici del Vicario 40*

### ● PALAZZO DEL FREDDO – FASSI (Piazza Vittorio)

Nicht einfach eine Eisdiele – ein „Kältepalast". Hier gibt's alles rund ums Gelato – im Winter sogar heißes Eis! Bei Fassi sollte man sich etwas Zeit lassen, sich alles gut anschauen und dann eine der Köstlichkeiten an einem Tischchen genießen (auch wenn's mehr kostet). Im Sommer sitzt man nett im Innenhof. Besonderheit: An bestimmten Wochentagen, aber nur von November bis März gibt's auf bestimmte Produkte bis zu 50% Rabatt.

*Via Principe Eugenio 67 – Mo Ruhetag*

### ■ SETTIMO GELO (Piazza Mazzini)

Der Name ist ein Wortspiel zwischen siebtem Himmel (*cielo*) und Eis (*gelo*). Die Qualität der Produkte hat sich schnell herumgesprochen. Kardamomeis und Schokoladeneis mit Orange sind immer noch sehr beliebt. Und schon beim Gedanken an die Sorbets läuft einem das Wasser im Mund zusammen. Empfehlenswert sind auch die glutenfreien Waffeln (natürlich alles ohne Farbstoffe).

*Via Vodice 21*

### ■ OLD BRIDGE (Vatikanische Museen)

An der Ecke zur Piazza Risorgimento ist diese Lokalität kaum zu übersehen: Eine große Menschentraube drängt sich um einen viel zu kleinen Eingang. Das hat seinen Grund, denn hier gibt es vermutlich das beste Preis-Leistungs-Verhältnis überhaupt. Die Sorten sind eher klassisch, also kann man bei der Wahl wenig falsch machen. Besonders zu empfehlen, wenn man lange in der Schlange zu den Vatikanischen Museen stehen muss …

*Viale dei Bastioni di Michelangelo 5*

### ■ CREMERIA AURELIA (Piazza Irnerio)

Schon mal einen „Afghanen" (Pistazie und Rose) probiert? Oder „Rotgold" (Safran)? Das sind nur zwei der absolut spektakulären Sorten der Cremeria. Aber auch Sesam und Honig, Schokolade mit Chili oder Zimt entführen den Genießer ins Gelato-Paradies. Einfach himmlisch. Der Nachteil: Die Cremeria liegt abseits aller Touristenattraktionen, aber der Autor kennt inzwischen viele, die extra dorthin pilgern, um sich ihre Ration Eis-Himmel zu kaufen.

*Via Aurelia 398 – Mo Ruhetag – Ruhepause im Winter*

### ■ GELARMONY (Cola di Rienzo)

Da in den Adern des Autors auch sizilianisches Blut fließt, muss hier auch die beste sizilianische Eisdiele erwähnt werden. Die sizilianischen Besonderheiten sind: „Bignè con gelato", ein leichtes, süßes Hefeteigbrötchen, mit Eis gefüllt, und natürlich die vielen *granite*, also die

verschiedenen Getränke (Säfte, Kaffee u.a.), die gefroren und dann zerstoßen werden.

Tischservice kostet mehr!

Gleich daneben liegt „Mondo Arancina", wo man sich mit salzigen sizilianischen Spezialitäten eindecken kann.

Via Marcantonio Colonna 34

Schließlich noch zwei Spezialitäten der römischen Sommernächte: *grattachecche* und *cocomerari*. Die „Grattacheccha" besteht aus zerstoßenem Eis, über das ein Sirup (je nach Geschmack) gegossen wird. In heißen Sommernächten ist das wunderbar durstlöschend. Die „Cocomerari" sind Händler, die in Scheiben geschnittene Wassermelonen verkaufen, die bis zum Verzehr kühl gehalten werden und daher sehr erfrischen.

■ **Grattachecche**: Verkaufsstände stehen in Via del Porto Fluviale (Ostiense), Lungotevere Sanzio (Trastevere), Lungotevere degli Anguillara, Via Porta Cavalleggeri (Vatikan), Via Branca, Largo Ravizza

■ **Cocomerari**: Stände jeweils in Piazza Belli/ Lungotevere, Circus Maximus, Piazza della Repubblica, Piazzale degli Eroi, Piazza Irnerio, Viale di Tor di Quinto

 **Ristoranti**

Essen ist in Rom ein Ritus – wie in den meisten anderen Gegenden Italiens auch. Man muss zugeben, dass unter den italienischen Regionalküchen die römische nicht den besten Ruf genießt, aber sie ist in den letzten Jahrzehnten etwas leichter geworden und hat daher auch mehr (vor allem junge) Anhänger gefunden.

Die traditionelle „cucina romana" ist eigentlich eine Armeleuteküche. Deshalb sind die Zutaten einfach und nicht sehr edel. Das gilt vor allem fürs Fleisch: Die traditionellen römischen Fleischgerichte stammen vom *quinto quarto*, dem fünften Viertel des Tieres, also den Innereien, insbesondere Magen (*trippa*), Darm vom Milchlamm oder -kalb (*pajata*), Kuhschwanz (*coda*). Früher fand man sogar noch Lunge (*polmone*). Leider werden die *fegatelli* (in Fettnetz mit Lorbeer eingewickelte Hühnerleber) nur noch selten in Restaurants angeboten. Man lässt sie sich vom Metzger vorbereiten und brät sie zuhause.

Die Liste enthält nur Lokale aus dem niedrigen bis mittleren Preissegment.

### ● PASQUINO (Piazza Navona)

Wenn ihr im Stadtzentrum seid und ihr euch mit der römischen Küche anfreunden möchtet – this is the place. Pasquino heißt übrigens nicht der Besitzer, sondern der Platz, der wiederum seinen Namen von der „sprechenden Statue" hat, die an einer Mauer angelehnt ist: Daran heften die Römer seit Jahrhunderten ihre Pamphlete und sarkastischen Gedichte gegen jede Art von Regierung. Zwei Seiten der Speisekarte vom „Pasquino" sind den *specialità' romane* gewidmet. Pizza gibt's auch. Besonders empfehlenswert: Rigatoni con la pajatina d'agnello (die Soße wird mit dem Darm des Milchlämmleins samt Inhalt zubereitet). Sehr delikat.

*Piazza Pasquino 1 - Tel. 06-6893043*

### ■ PECORINO (Testaccio)

Testaccio hat sich nach langem Dornröschenschlaf zum Ausgehviertel gemausert, und in diesem Panorama darf „Pecorino" nicht fehlen. Der Name stammt von dem römischen Käse, der vor einem Jahrhundert hier in einem kleinen Geschäft verkauft wurde. Das Restaurant liegt jetzt auf drei Stockwerken und ist meistens voll bis auf den letzten Platz. Die Antipasti (vor allem der Teller mit Fritiertem) und die Primi sind stadtbekannt. Vorsicht: Die Portionen sind meistens groß, daher: Nicht schon anfangs zuviel bestellen! Nach einem großen Antipasto (12 €) und einem Primo (10 €) ist man bereits pappsatt. Im Winter unbedingt die Artischocken probieren!

*Eine typische Carbonara*

*Via Galvani 64 – Mo Ruhetag – Tel. 06-57250539*

### ■ BURRO E SUGO (San Paolo)

Dieses Lokal war zuerst nur bei den Studenten der nahen Università Roma Tre bekannt; inzwischen hat es sich herumgesprochen, dass man dort für einen akzeptablen Preis sehr ordentliches Essen bekommt: Fleischmenü 17 €, Fischmenü 21 €, Mittagsmenü nur 8 € (ohne Getränke). Man kann sich sein Menü übrigens nach einer Liste selbst zusammenstellen. Wenn man zu den jungen Kellnern freundlich ist, erklären sie einem gerne, was auf der Speisekarte steht; Problem: Danach weiß man soviel wie vorher. Einfach probieren!

*Via Elvio Pertinace 1 – Tel. 06-59606244*

### ■ PERDINCIBACCO (San Pietro)

Ja, man kann in der Nähe des Vatikans gut essen – nein, man muss deswegen nicht unbedingt arm werden. Am Anfang der Via delle Fornaci liegt dieses kleine Lokal (bei wärmeren Temperaturen sind auch einige Tische draußen), das es bisher glücklicherweise noch nicht in die amerikanischen Reiseführer für Senioren geschafft hat. Vor ein paar Monaten wurde auch ein Pizzaofen eingebaut. Es gibt eine wechselnde Tageskarte (auf einer Tafel, allerdings nur auf Italienisch). Lasst sie euch am besten von Massimiliano, dem Besitzer, erklären. Auch der Fisch ist hier sehr gut, aber natürlich teurer.

*Via delle Fornaci 5 – Mi Ruhetag – Tel. 06-632527*

### ■ L'ISOLA DELLA PIZZA (Vatikanische Museen)

Bunt, eng, laut – römisch eben. Wer sich im Flüsterton unterhalten möchte, ist hier nicht so gut aufgehoben. Ordentliche Portionen von Antipasti und Pasta zu akzeptablen Preisen und in guter Qualität. Viele Tische drinnen und während der wärmeren Jahreszeit auch mehrere auf dem Bürgersteig davor. Deshalb auch für nicht zu große Gruppen geeignet.

*Via degli Scipioni 45 – Mi Ruhetag – Tel. 39733483*

### ■ LA FORCHETTA D'ORO (Santa Maria Maggiore)

Etwas versteckt in einer Nebenstraße der vielbefahrenen Via Merulana liegt „Die goldene Gabel", eine etwas großspurige Bezeichnung für dieses familiäre Restaurant mit kleinen Tischchen, das jedoch ordentliche römische „Hausfrauenkost" zu einem vernünftigen Preis bietet. Einige Bewohner des Viertels lassen sich hier auch ihr Abendessen für zuhause zubereiten.

*Via di San Martino ai Monti 40 – Tel. 06-48913153*

### ■ L'ARCHETTO (Fontana di Trevi)

In der gleichnamigen Via liegt das schon fast historische „Archetto" mit einer Unzahl an Nudelgerichten, die in ansehnlichen Portionen serviert werden; deswegen kann man sich den Hauptgang meist sparen. Nachteil: Es liegt in der Nähe des Trevi-Brunnens, und deshalb verirren sich immer mehr Touristen hierhin.

*Via dell'Archetto 26 – Tel. 06-6789064*

### ■ POLLAROLO (Piazza del Popolo)

Seit Jahrzehnten nahezu unverändert ist diese kleine Trattoria ganz nahe an der Piazza del Popolo. Tonino hat sie vom seinem Schwiegervater übernommen und im gleichen Stil weitergeführt: Bei den gut zubereiteten Gerichten (auch Pizza!) wird ein starker Akzent auf saisonale Zutaten gelegt (Tafel beachten!). Man sollte das Lokal bald besuchen, denn es ist zu befürchten, dass die Wuchermieten in der Innenstadt die wenigen noch ehrlichen Trattorien im Centro bald zum Schließen zwingen werden.

*Via di Ripetta 5 – Do Ruhetag – Tel. 06.3610276*

# ◼ Pizzerie

Zwei Worte auch zu den Pizzerie: Ursprünglich gab's Pizza nur abends, weil sie im Holzofen gebacken wurde, der erst aufwändig angefeuert werden musste. Inzwischen kann man in vielen Lokalen seine runde Pizza auch mittags bekommen – das ist allerdings sehr unrömisch.

Ansonsten isst man in der Pizzeria seine Bruschetta (gegrilltes Brot mit Salz und Olivenöl, mit oder ohne Tomaten), Calzone (gefüllte Tasche aus Pizzateig), Crostino (Weißbrotscheiben mit Käse und Schinken oder Anchovis – *alici* – u.a. überbacken) und natürlich diverse frittierte Dinge: *olive all'ascolana* (panierte, mit Fleisch gefüllte Oliven), *fiori di zucca* (Zucchiniblüten mit Anchovispaste im Teig), *suppli'* (panierte Reisbällchen), und die besondere Leckerei für Liebhaber: *filetto di baccala'* (Klippfischfilet im Teig). Schmeckt übrigens alles sehr gut (wenn es gut zubereitet, d.h. kross und nicht zu ölig ist)!

Im Unterschied zur neapolitanischen ist die römische Pizza dünner und wird deshalb beim Backen knuspriger; sie wird aber auch schneller kalt. Deshalb: möglichst schnell essen!

Bei einfacheren Lokalen sollte man daran denken, dass sie mitunter keine Kreditkarten akzeptieren.

### ◼ PANATTONI

Es ist eng, es ist laut, es ist Kult: Das „Obitorio" (ja, genau: Leichenschauhaus) hat seinen Namen von den Marmortischen, an denen man (natürlich ohne Tischdecke) zu essen bekommt. Offiziell heißt das Lokal „Ai Marmi". Superbillig ist es nicht mehr, und manchmal muss man (vor allem am Wochenende) auch etwas warten, obwohl der Raum groß ist, aber die Pizze sind in der Tradition geblieben und nach wie vor sehr gut; die *fritti* übrigens auch. Wie die Kellner

bei der Hektik nicht schon nach einer halben Stunde durchdrehen, wird ein Rätsel bleiben.

*Viale Trastevere 53 –*
*Tel. 06-5800919*

### ● GRAZIE A DIO E' VENERDI'

In dem heute eher schicken Viertel Monti, das in der Antike die schlecht beleumdete Suburra war, liegt die Via dei Capocci, Jahrhunderte lang die Prostituiertenstraße, heute sehr brav. Diese von jungen Leuten geführte Pizzeria bietet auch gute Fleischgerichte und äußerst leckere Nachspeisen. Im Sommer kann man auch draußen essen. Innen gibt es 100 Sitzplätze, so dass auch Gruppen Platz finden (immer vorher nachfragen). Besonders zu empfehlen sind hier die „unorthodoxen" Pizze mit fantasievoll zusammengestellten Zutaten (Radicchio, Büffelmozzarella u.a.). Für Mutige gibt es sogar eine Überraschungspizza!

*Via dei Capocci 1 – nur*
*abends - Tel. 06-4882585*

### ● L'ECONOMICA

Im Studentenviertel San Lorenzo unterwegs, Hunger bekommen, aber wenig Geld dabei?

„Die Billige" (*economica* eben) am Anfang der Via Tiburtina kann helfen. Die Abstriche, die die Besitzer bei den Preisen gemacht haben, machen sich in der Qualität und den Portionen nicht bemerkbar. Die Speisekarte ist zwar nicht umwerfend, aber die Atmosphäre ist sehr lebendig, der Service (meist) freundlich. Hinweis: Hier wird *romanaccio* (der römische Dialekt) gesprochen, der selbst für Italiener manchmal unverständlich ist. Am besten geduldig zuhören und sich eventuell die Dinge zweimal sagen lassen. Buon appetito!

*Via Tiburtina 44 –*
*So Ruhetag -*
*Tel. 335-6181970*

### ■ LA MONTECARLO

Die vielen Fotos an den Wänden zeigen den Besitzer mit zahlreichen italienischen (mehr oder weniger) VIPs. „La Montecarlo" ist stadtbekannt, und entsprechend hektisch geht es zu: Meistens muss man warten, aber die Pizze und die großzügig portionierten und auf Metalltellern servierten Pasta-Gerichte können einen durchaus dafür entschädigen. Die Nachspeisen kann man sich nach einem *antipasto di fritti* und einer Pizza auch sparen.

*Vicolo Savelli 13 –*
*Mo Ruhetag –*
*Tel. 06-6861877*

 **„Exoten"**

Obwohl es eher unwahrscheinlich ist, dass man während eines Reiseaufenthalts in Rom die italienische Küche plötzlich „satt" haben könnte, mag es ja sein, dass man sich nach Abwechslung sehnt. Hier also ein paar Vorschläge:

### ■ KONNICHI WA (japanisch)

Hier gibt es vorzügliche japanische Küche zu sehr guten Preisen. Wenn es etwas mehr sein darf, kann man mittags für 16,80 € und abends für 21,80 € das No-Limit Menü bestellen. Sehr zu empfehlen, wenn man nicht nur Sushi probieren möchte. Man wird garantiert satt.

*Via Otranto 9 –*
*Tel. 06-3700156 –*
*Mo Mittag geschlossen*

### ◼ SHAWARMA STATION (nordafrikanisch)

Bitte nennt es nicht Dönerbude! Im „Shawarma" kann man diverse nordafrikanische Spezialitäten bekommen – und sie entweder gleich am sehr einfachen Holztisch essen (oder auf der Straße) oder mit nach Hause nehmen. Die rote Soße zum Kebabfleisch ist scharf!

*Via Merulana 271 (Santa Maria Maggiore) – Tel. 06-4881216*

### ◼ BIBLIOTHÈ (ayurvedisch)

Ein gelungener Mix aus ayurvedisch-vegetarisch-englischen Elementen. Nachmittags auch Teestube. Mitten im Zentrum und sehr ruhig. Keine alkoholhaltigen Getränke! Dafür freundliche Menschen und ausgezeichnete Tees.

*Via Celsa 5 (Piazza Venezia) – Tel. 06-6781427*

### ◼ CORNO D'AFRICA (afrikanisch)

Beim „Horn von Afrika" treffen sich die Mitglieder der eritreischen Gemeinschaft, um zu speisen wie bei *Ade* (Muttern auf Tigrinja). Die Speisen sind, wie in Afrika üblich, recht pikant gewürzt, aber etwas dem italienischen Geschmack angepasst.

*Via Folco Portinari 7 (Monteverde) – So Ruhetag - Tel. 06-53273923*

# Fast Food & Take Away

*Fast Food*: Gemeint sind selbstverständlich nicht die großen amerikanischen Ketten, sondern *Italian style*, also vor allem die nur tagsüber geöffnete „Bar" (auf Italienisch übrigens männlich, also „il bar") und „Pizza al taglio". In den Bars bekommt man eben nicht nur Kaffee, sondern auch *Tramezzini, Panini, Pizze farcite* und anderes für den Hunger zwischendurch (vielen Römern dient das auch als Mittagessen). Man isst im Stehen, genauso wie in den meisten „Pizze al taglio", wo die Pizza in der gewünschten Größe vom Blech geschnitten wird (Bezahlung nach Gewicht). Die

Pizza al Taglio Einheimischen gehen gern zu „Palmerino" (Pizza Europa, Via Merulana 28A, nahe S. Maria Maggiore), zur „Pecora Pazza" (Via della Mercede 18, Nähe Spanische Treppe) und zum „Zozzone" (Via del Teatro Pace hinter der Piazza Navona). Sehr gute weiße und rote Pizza gibt es auch in der Bäckerei in einer Ecke von Campo dei Fiori. Bestes sizilianisches Streetfood gibt es in Trastevere (Baciamo le Mani, Via Cardinale Marmaggi 2).

*Take away*: Natürlich kann man sich die Pizzastücke auch in einer Schachtel mit nach Hause nehmen. Take away wurde ohnehin von den alten Römern erfunden, denn sie wohnten in mehrstöckigen Häusern mit viel Holz und durften deshalb keine Feuerstellen haben. Heute heißt die gängigste Form des römischen Take aways *Rosticceria*; das Angebot ist ziemlich einheitlich: Grillhähnchen, mit Reis gefüllte Tomaten, panierte und frittierte Reiskugeln (*suppli'* und *arancini*), Gemüse, manchmal auch Lasagne oder andere Pasta.

Ebenfalls Rom-typisch ist *porchetta*, Spanferkelfleisch, das lauwarm oder kalt im Brötchen gegessen wird. Man findet die *porchetta* nicht mehr so häufig wie früher, denn vielen sind die Scheiben zu fett, aber in einigen Lebensmittelläden und manchen Marktständen ist sie noch zu haben. Ein heißer (im wahrsten Wortsinn) Tipp ist der „Filettaro" an der Piazza Santa Barbara (hinter dem Campo dei Fiori; erst ab 18 Uhr!): Klippfisch in Teig gewendet und frittiert – entweder zum Mitnehmen oder (an Sommerabenden sehr zu empfehlen) an einem der Tische auf der Piazzetta zu verzehren. Leider nicht mehr billig …

#  Durst am Abend?

Es gibt im Zentrum vor allem zwei Orte, an denen sich die Nachtschwärmer treffen. Theoretisch darf man auf öffentlichen Plätzen nicht trinken, und der Ausschank von Hochprozentigem ist nur an Volljährige erlaubt, aber das Bild ist definitiv ein anderes.

### ■ Campo dei Fiori
Am Morgen ein Markt, abends ist dieser Platz rappelvoll mit Jugendlichen. Egal wohin man schaut, es ist immer mindestens eine Bar im Blickfeld. Auch in allen Seitenstraßen gibt es mindestens eine Bar. Oft sind die Drinks nicht gerade billig, aber die Kulisse entschädigt dafür voll und ganz. Das Angebot der Bars hat sich in letzter Zeit mehr und mehr vereinheitlicht, so dass es schwerfällt, eine Auswahl zu treffen. Trotzdem wird man sicherlich etwas finden, was einem gefällt. Da sich das römische Nachtleben seit jeher im Freien abspielt wird man geradezu verleitet, von einer Lokalität zur nächsten zu ziehen. Nächtliche

Trastevere: Piazza Trilussa

Spaziergänge in großen Gruppen sind keine Seltenheit.

### ■ Piazza Trilussa

Auf der anderen Tiberseite, in Trastevere, auf der Höhe des Ponte Sisto findet sich dieser Platz mit der großen Treppe, der nach einem der wichtigsten römischen Dialektdichter benannt wurde. Besonders sympathisch wird einem diese Treppe, wenn man sich vorher in einem Supermarkt ein Bier oder etwas Ähnliches kauft und sich dann auf den Stufen niederlässt. Lounge Bars und Pizzerie findet man auf nächtlichen Spaziergängen in den Seitenstraßen.

### ■ Freni e Frizioni

Diese Cocktail Bar befindet sich in unmittelbarer Nähe der Piazza Trilussa. Da sie in einer ehemaligen Auto-Werkstatt untergebracht hat, wurde die Bar „Bremsen und Kupplungen" genannt. Dasselbe wird auch in der sehenswerten Website gezeigt.

*Via Del Politeama 4/6,*
*www.freniefrizioni.it*

## ■ Ma che siete venuti a fà
Sinngemäß übersetzt heißt dieses kleine Lokal „Was wollt ihr hier". Man kann es ruhig als den römischen Biertempel bezeichnen, bietet es doch eine wirklich riesige Bierauswahl. Es werden hier viele Fußballspiele gezeigt – man kann sich vorstellen, was bei Weltmeisterschaften hier los ist ...

*Via Benedetta 25*

## ■ Q's
Eine monumentale Rumauswahl ziert diese Bar. Relativ versteckt, überrascht diese Bar auch wegen ihrer großen Sammlung an Retro-Kleinoden aus den 80er Jahren.

Weitere Bezirke, in denen abends und nachts viel los ist, sind: Testaccio, Ostiense und Via Libetta.

*Vicolo Moroni 53*

## ■ Emporio alla Pace
Wenn man ein Wohnzimmer mit einer Bar kreuzt, erhält man wohl etwas, das dem „Emporio alla Pace" nahe kommt.

Sofas und Bücherregale sorgen für eine gemütliche Atmosphäre. Hier kann man es sich vom Frühstück bis in die späte Nacht bequem machen.

*Via della Pace 28*

## ■ Jarro il quattordicesimo
Um den Ponte Milvio herum befindet sich ein weiterer Hotspot der römischen Nächte. Das „Jarro" ist eine ziemlich kleine Bar, in der man allerlei Alkoholisches und kleine Häppchen zu sich nehmen kann, während man das Treiben auf der Piazza beobachtet. Jeden Tag gibt es ein Dj-Set, manchmal auch Live-Musik.

*Piazzale di Ponte Milvio 32*

## ■ Gone
Aufstrebender Szenetreff, mit vielen Events aus Musik, Kunst und Design. Im Sommer bietet der Garten eine schöne Rückzugsmöglichkeit, vor allem am Wochenende wird es gerne sehr voll. Hier kann man auch etwas essen.

*Via Flaminia 451*

 **Pubs**

Pubs sind das Kneipenähnlichste in Rom. Vor ein paar Jahrzehnten schossen sie wie Pilze aus dem Boden. Manche haben nicht überlebt, andere wurden umfunktioniert und haben ihr früheres Gesicht völlig verloren, wieder andere konnten ihr ursprüngliches Aussehen bewahren. Man kann dort oft auch ein günstiges Panino essen, doch wird das ein Abendessen in einem Ristorante wohl kaum ersetzen.

### ■ MISCELLANEA

Vor kurzem ist dieser Pub hinter das Pantheon gezogen, aber das ursprüngliche Ambiente wurde beibehalten. Seit Jahrzehnten kümmert sich Miki rau aber herzlich um hungrige und durstige Schüler und Studenten. Bei der Pasta gibt es wirklich deftige Portionen.

*Via della Palombella 34 – Pantheon*

### ■ IL SERPENTE

Im Studentenviertel San Lorenzo gelegen und dort auch recht bekannt. Gute Bierauswahl (auch aus Belgien, Deutschland, Irland) und ordentliches Essen. Bisher vor allem italienische Studenten (spricht sich aber auch bei den Ausländern herum).

*Via dei Marsi 21/23*

### ■ THE DRUID'S DEN

Ein richtig „irischer" Pub in Rom (mit entsprechender Bierauswahl) und noch recht ursprünglich. Treffpunkt vieler ausländischer Studenten und einiger Einheimischer, die auf ein gutes Bierchen hier vorbeischauen. Am Montag irische Livemusik.

*Via San Martino ai Monti 28 – S. Maria Maggiore*

### ■ ANTICA BIRRERIA PERONI

Das ist *der* Ort für *das* italienische Bier. Birreria bedeutet ja nichts anderes als Bierhaus. Es gibt dort sowohl italienisches als auch „deutsches"

Essen (wenn man denn nicht darauf verzichten kann). Wenn man besonders gut drauf ist, sollte man die Spezialität des Hauses, den „Kilometer", nicht verpassen…

*Via San Marcello 19 – Piazza Venezia*

 # Discos

Rom hat ein breites Angebot an Discotheken. Nur bekommt man das im Stadtzentrum nicht mit, weil die guten leider alle außerhalb liegen. Man sei auch gewarnt: Für den Eintritt muss man oft tief in die Tasche greifen und mit 15 € aufwärts rechnen. Was den Dresscode anbelangt: Bei den Jungs ist ein Hemd empfohlen, die Mädels hingegen haben freie Wahl. Nach einem Personalausweis wird selten gefragt, wer unter 18 ist, muss sich keine großen Sorgen machen.

### ■ PIPER
Kultdisco seit den 70ern. Entsprechend ist auch die Einrichtung. Vertritt hauptsächlich römische DJs.

*Via Tagliamento 9*

### ■ SPAZIO 900
Die wohl größte Disco in Rom liegt im Viertel EUR. Oft sind hier internationale DJ-Größen zu Gast.

*Piazza Guglielmo Marconi 26b*

### ■ VOGUE
Überwiegend junges Publikum. Wird im Sommer zu einer open-air-Disco. Befindet sich praktisch direkt neben dem Stadio Olimpico.

*Piazza dello Stadio Olimpico 5*

### ■ SAPONERIA

In der einstigen Seifenfabrik wird munter mit Klängen experimentiert, von House über Dance bis Funk.

*Via degli Argonauti 20*

### ■ Via Libetta

In dieser Straße befinden sich mehrere der angesagtesten Discos von Rom. Es gibt daneben auch mehrere „normale" Bars.

### ■ GOA

Viele halten sie für die beste Disco Roms. Berühmte DJs sind gern dabei, mit immer wechselnden Events.

*Via Libetta 13*

### ■ Lanificio

Minimales Design bestimmt das ehemalige Industriegebiet. Hier geben sich die besten römischen Soundschmiede die Klinke in die Hand.

### ■ 45 GIRI

Verwandelt sich in den Abendstunden von einem Restaurant in eine Discothek, für Events mit New-Yorker Flair.

# ◼ Märkte

Römer kaufen nach wie vor gerne auf Märkten ein. Viele haben sogar „ihre" Marktfrau (oder „ihren" Marktmann), bei der (dem) sie sich schon seit vielen Jahren für den täglichen Bedarf wie für besondere Anlässe eindecken. Es ist ja auch viel netter auf einem bunten Markt als in einem sterilen Supermarkt einzukaufen. Jedes Viertel hat seinen eigenen *mercato rionale*; die kleineren sind noch ursprünglicher und meistens im Freien (z.B. an der Piazza San Silverio in der Nähe des Vatikans). Man findet dort nicht nur Obst und Gemüse, sondern alles, was man im Haushalt so braucht (auch Mitbringsel, z.B. Gewürze!). Manche Gemüsesorten sind Nichtitalienern unbekannt. Wenn nicht zuviel los ist, werden die Marktleute dem „unwissenden" Ausländer gerne ein paar Erläuterungen dazu geben.

Märkte sind meistens Montag bis Samstag von 7.00 bis 13.00 Uhr geöffnet.

### ■ CAMPO DE' FIORI

Mitten in der Innenstadt kann man vormittags Blumen und Nahrungsmittel einkaufen, abends einen Aperitivo zu sich nehmen und nachts mit Freunden feiern. Der Markt ist sicher nicht billig, aber die Kulisse mit der Statue des als Ketzer verbrannten Giordano Bruno in der Mitte ist absolut einzigartig.

### ■ MERCATO ESQUILINO (VIA TURATI)

Der Äsquilin war einer der sieben Hügel Roms. Heute heißt so das multi-ethnische Viertel neben dem Bahnhof. Entsprechend sind auch die Lebensmittel, die man hier kaufen kann. Früher befanden sich die Stände im Freien auf der nahegelegenen Piazza Vittorio, sie wurden aber vor ein paar Jahren in zwei große Hallen (eine für Nahrungsmittel und eine für Kleidung) verlegt.

### ■ VIA SANNIO

Der Name dieser Straße ist inzwischen weit über die Grenzen Roms hinaus bekannt: Second-Hand, Billigware oder Imitate, es ist für jeden etwas „Anziehendes" dabei. Vorsicht: Wenn man mit gefälschter Markenware erwischt wird, drohen hohe Strafen. Das gilt auch für die Taschen und Accessoires, die bei den vielen fliegenden Händlern (vor allem rund um den Petersdom) zu haben sind.

### ● PORTA PORTESE
*Der* römische Flohmarkt! Hat sich allerdings im Laufe der letzten Jahre erheblich verändert, ist also lange nicht mehr so „malerisch" wie früher. Schnäppchen macht man (wenn überhaupt) nur früh am Morgen (also ab 6 Uhr). Vorsicht: Wegen der vielen Touristen sind hier auch viele Taschendiebe unterwegs. Also nur das Nötigste mitnehmen und sicher am Körper tragen.

### ● CITTÀ DELL' ALTRA ECONOMIA
Schließlich kommen auch Bio- und Fairtrade-Freunde nicht zu kurz: Im ehemaligen Schlachthaus im Viertel Testaccio (Largo Dino Frisullo) wurde dieser Markt (mit Bar und Restaurant) untergebracht, der von Dienstag bis Sonntag offen ist.

### ⬛ WEIHNACHTSMARKT AUF DER PIAZZA NAVONA

Ja, es gibt in Rom auch einen Weihnachtsmarkt! Und zwar mitten im Zentrum, auf der Piazza Navona. Beim Mercato di Natale geht es jedoch weniger um Holzspielzeug, Lebkuchen und Glühwein, sondern mehr um Zuckerwatte, Krippenkitsch und … die Befana, die den braven Kindern am 6. Januar (noch einmal) Geschenke bringt, oft in der traditionellen *calza*, dem Strumpf, den bösen Kindern hingegen Kohle (natürlich ebenfalls aus Zucker). Wer keine Angst vor Menschenmassen hat, sollte am 6. Januar hingehen und sich einfach treiben lassen.

# Shoppen

Die meisten jungen Römerinnen und Römer kleiden sich gerne modisch, und entsprechend groß ist die Auswahl an Geschäften. Große Kaufhäuser gibt es hingegen kaum. In Roms Innenstadt sind die meisten internationalen Marken vertreten, die man auch von zuhause kennt. Aber vielleicht kann man ja mal was Neues ausprobieren ...

In der Innenstadt haben viele Shops auch über die Mittagszeit, manche sogar sonntags geöffnet. Die Schlussverkaufszeiten, in denen man auch in Rom gute Schnäppchen machen kann, sind meist länger (WSV: Januar–März, SSV: Mitte Juli–Ende August) und nicht so stark reglementiert wie in Deutschland.

Der sogenannte „Tridente" (Dreispitz, nach seinem Aussehen auf der Landkarte) zwischen Via del Babuino und Via di Ripetta ist der wichtigste Einkaufsbezirk Roms. Zwischen Piazza del Popolo, Piazza di Spagna und Largo Goldoni sind die Nobelmarken vertreten, vor allem in der Via Condotti, die man zumindest für etwas Window-shopping nicht missen sollte. Akzeptable Preise findet man in der langen Via del Corso, zwischen Piazza del Popolo und Piazza Venezia, allerdings herrscht hier besonders am Wochenende ein heilloses Gedränge. Ähnliche Läden wie am Corso findet man in der Nähe des Vatikans in der Via Cola di Rienzo und Via Ottaviano.

### ● VOLPETTI

Das berühmteste Delikatessengeschäft der Stadt. Alles, was das Herz an italienischen Spezialitäten begehrt, und vieles mehr findet man hier, auch wunderbare Mitbringsel – allerdings zum entsprechenden Preis.

*Via Marmorata – Testaccio*

### ● CASTRONI

Ursprünglich als Kaffeerösterei geboren, hat sich die Castroni-Kette inzwischen einen Namen als

Spezialitätenladen für In- und Ausländisches (vor allem lang haltbare Produkte) gemacht. Verschiedene Sorten besten Kaffees gibt's natürlich immer noch.

*Via Cola di Rienzo – Prati*

### ◼ D CUBE
Ausgefallene Gegenstände und Geschenke rund um Tisch und Küche. Italienisches und internationales Design (gibt's auch als Outlet in Via Felice Anerio 19).

*Via della Pace 38 – Piazza Navona – meist bis spät am Abend geöffnet*

### ◼ HYDRA II
Für alle, die Rockmusik, Leder, Totenköpfe und andere, schrägere Dinge als die normale römische Mode mögen.

*Via Urbana 139 –*
*Via Cavour*

Die beiden Besitzer sind sehr freundlich und beraten gerne.

### ■ LIMENTANI

Eigentlich kann man hier alles für Küche und Tisch kaufen (vom 1-Euro-Teller bis zur teuren Murano-Vase), aber das Interessanteste ist der Laden selbst: Über ein paar Stufen geht es in einen Keller mit vollgepackten Gängen, die allemal eine Besichtigung wert sind.

*Via del Portico d'Ottavia –*
*Nähe Synagoge*

### ■ MORIONDO & GARIGLIO

Schokolade auf römisch: Nichts Hochtechnisches findet sich in diesem Laden, der vor allem für seine super-dunklen Schokovariationen bekannt geworden ist. Für schmale Reisekassen leider nicht geeignet.

*Via Pie' di Marmo 21 –*
*Pantheon*

Zum Schluss noch drei spezielle Buchhandlungen:

### ■ LIBRERIA INTERNAZIONALE IL MARE

Das (nicht nur italienische) Meer in allen seinen Variationen. Zum Stöbern und Finden.

*Via di Ripetta 239 –*
*Piazza del Popolo*

### ◼ LIBRERIA DEL CINEMA

Bücher, DVDs, Poster u.v.m. für Kinofans. Ab 17 Uhr auch Bar und Ristorante.

*Via dei Fienaroli 31/d – Trastevere*

### ◼ FELTRINELLI INTERNATIONAL

Seitdem die traditionsreiche und eigentlich unverzichtbare Libreria Herder geschlossen hat, ist es sehr schwer geworden, in Rom an deutsche Bücher zu kommen. Feltrinelli ist die größte italienische Buchhandelskette, in ihren „International"-Läden wird auch das eine oder andere deutsche Buch zu finden sein. Leider ist dies nur ein magerer Trost für all diejenigen, die die Libreria Herder erlebt haben.

*Via Vittorio Emanuele Orlando 84/86*

# ⟨Tour⟩ Innenstadtbummel

*Eine Abmagerungskur für jeden Geldbeutel*

Auch dieser Spaziergang beginnt an einem Aussichtspunkt, nämlich auf der ■ **Terrazza del Pincio** in der Villa Borghese, die besonders bei römischen Pärchen beliebt ist und über die ■ **Piazza del Popolo** schaut, die man über eine Kurvenstraße erreicht. Der Name kommt übrigens von den Pappeln (Lat. *populus*), die hier wuchsen, und nicht vom italienischen Wort für Volk (*popolo*). An der Nordseite befindet sich die Porta del Popolo, das Stadttor für die Reisenden aus dem Norden. Da viele Rombesucher aus dieser Richtung kamen, musste der Platz angemessen prächtig sein, um Eindruck zu schinden. Deshalb wurde hier ein Obelisk aufgestellt und die Zwillingskirchen Santa Maria in Montesanto (von der Porta del Popolo aus gesehen links) und Santa Maria dei Miracoli (rechts) gebaut. Die heutige Form im klassizistischen Stil bekam die Piazza erst Anfang des 19. Jahrhunderts.

Die Zwillingskirchen von der Piazza del Popolo

Blick vom Pincio auf die Piazza del Popolo

Am Anfang der ■ **Via del Babuino** liegt das luxuriöse Hotel de Russie, wo auch in- und ausländische Celebrities gerne absteigen. Gleich dahinter führt links die Via Margutta ab, ehemals Künstlergasse, jetzt wegen der Kunst- und Antiquitätengeschäfte geschätzt.

Wir bleiben erst einmal auf der Via del Babuino; hier sind mehrere der großen internationalen Modemarken vertreten. Wer das zu teuer findet, erreicht durch eine der Nebenstraßen auf der linken Seite schnell die ■ **Via del Corso,** das Shoppingparadies der römischen Ragazzi (mit akzep-

tablen Preisen). Ein Bummel durch die sündteure ■ **Via Condotti** (mit Blick auf die ■ **Spanische Treppe!**) ist allerdings ein Muss. Bis vor wenigen Jahren waren hier ausschließlich hochpreisige, zumeist alteingesessene Marken angesiedelt, inzwischen findet man auch modernere Läden. Links vorne liegt das weltberühmte Caffè Greco, wo sich schon in vorigen Jahrhunderten Künstler und Schriftsteller trafen. Es lohnt sich durchaus, die Treppe hinaufzugehen und das Ganze aus einer höheren Warte zu betrachten.

Jede der Parallelstraßen der Via Condotti hat irgendwie ihren eigenen Charakter: die elegante Via Borgognona, die ehemals volkstümliche Via delle Carrozze, die stillere Via Vittoria, die geschäftige Via della Croce und die breitere und immer volle ■ **Via Frattina** mit ihren vielen Shops. Man kann sich also über längere Zeit in diesem Bezirk aufhalten und am Ende dieses „Spaziergangs" wird das Portemonnaie erheblich leichter sein bzw. der Kreditkartenauszug länger …

## ◼ Outlets

Outlet-Shopping ist seit ein paar Jahren bei Römern in, denn es gibt vor den Toren der Stadt gleich drei Outlet-Städte. Castel Romano, mit mehreren Topmarken und viel Sportbekleidung, liegt südlich von Rom an der Via Pontina (www.mcarthurglen.it); Valmontone Outlet im Südosten in der Nähe der Autobahn A1 Richtung Neapel); nicht so viele Nobelmarken, dafür günstiger (www.fashiondistrict.it – Buszubringerdienst am Bahnhof Termini!) und Soratte Outlet im Norden mit hauptsächlich italienischen Marken zu erschwinglichen Preisen (www.soratteoutlet.it – Autobahn A1 Richtung Florenz, Ausfahrt Ponzano Romano). Rabatt auf Ladenpreise mindestens 30%, während Schlussverkaufszeiten (Januar – Februar und Juli – August) bis 80%.

Auch in der Innenstadt gibt es Läden mit der Aufschrift „Outlet", was jedoch nicht immer stimmt. Oft handelt es sich nur um Ramsch oder Billigware. Bei folgenden Adressen kann sich ein Besuch jedoch lohnen: Firmastock (Via delle Carrozze 18 – Nähe Piazza di Spagna, vor allem Luxusmarken), Emporio Blunauta Balloon (Largo del Pallaro – Nähe Piazza Navona, Kleidung u.a. aus Seide, Leinen, Baumwolle), Santangelo Outlet (Piazza Adriana 10 – hinter der Engelsburg, Kleidung und Wohnen).

REISE-
ORGANISATION

# ■ An- und Abreise

■ **Flugzeug**: Rom ist mit allen größeren Flugge-
sellschaften (Lufthansa, Alitalia, Swiss, Austrian
Airlines u.a.) und mit vielen Low-Cost-Linien
(Easyjet, Ryanair, Hapag Lloyd u.a.) erreichbar.
Wenn man sich die Reise selbst zusammenstellt,
lohnt es sich, die Internetseiten aller Anbieter zu
durchforsten, denn manchmal haben auch die
großen Gesellschaften sehr gute Angebote.

Die meisten Flüge landen im Hauptflughafen
Leonardo da Vinci-Fiumicino FCO (immer gut
auf die Angabe des Terminals achten!), manche
Billigflieger in Ciampino CIA (Infos zu beiden
Flughäfen: www.adr.it).

Von Fiumicino gibt es verschiedene Züge
in die Innenstadt: Der *Leonardo Express* (14 €)
fährt direkt an den Hauptbahnhof Termini, die
Regionalbahn fährt auch andere Bahnhöfe an
(Trastevere, Ostiense, Tiburtina, Tuscolana; 8 €).

Von Ciampino muss man sich mit COTRAL-
Bussen (1 €) erst zum Bahnhof von Ciampino

fahren lassen; dann kann man von dort den (billigen) Zug nach Rom nehmen.

Für Taxis gelten an und für sich Festpreise (*tariffa fissa*) in die Innenstadt (Plan ist im Taxi einzusehen): 40 € ab Fiumicino, 30 € ab Ciampino. Das muss man aber vorher verabreden; einige römische Taxifahrer sind nicht gerade „Touristen-freundlich". Nur die weißen Taxis mit Aufschrift nehmen, die außerhalb des Flughafengebäudes warten!

Ab Fiumicino gibt es nachts, wenn keine Züge fahren, einen Busservice zum Hauptbahnhof (4,50 €).

Ab Ciampino gibt es verschiedene Busdienste: der öffentliche Busdienst COTRAL (Vorsicht: die englische Internetseite enthält Fehler) fährt zum Bahnhof von Ciampino (s. oben), zur Endstation Anagnina der Metrolinie A (1,20 €) und zum Hauptbahnhof (3,90 €, 6,90 € hin und zurück). Außerdem gibt es den privaten Busdienst Terravision (4 €), dessen Fahrten auf bestimmte Flüge abgestimmt sind.

■ **Bahn**: Inzwischen sind Bahnfahrten in der Regel wesentlich teurer als Billigflüge, aber man

Stazione Termini

kann sich trotzdem durch Internet oder Reisebüros über Angebote kundig machen. Die meisten internationalen Züge kommen am Hauptbahnhof Termini an, manche im abseits gelegenen Bahnhof Tiburtina.

 **Auto**: Die italienischen Autobahnen von Norden nach Rom sind im Allgemeinen gut. Das Benzin ist leider deutlich teurer als in Deutschland. Bei der Kalkulation der Kosten darf man die Maut nicht vergessen (von der ital. Grenze bis nach Rom ca. 50 €, schweizer Vignette ca. 35 €, österreichische Vignette mind. 7,70 €). Um Mailand, Florenz und Rom muss bei Stoßzeiten mit Staus gerechnet werden. Es empfiehlt sich, die Einfahrtroute in die Stadt je nach Ziel (Unterkunft) zu bestimmen. Der Autobahnring um die Stadt (Grande Raccordo Anulare – G.R.A.) ist (noch) nicht gebührenpflichtig!

# ◼ Unterkunft

Die Hotel- und Unterkunftslandschaft Roms hat sich seit etwa zehn Jahren gewaltig verändert. Deshalb sollen hier nicht einzelne Unterkünfte vorgestellt, sondern eher ein allgemeiner Überblick mit Hinweisen zur Auswahl gegeben werden.

Hotels sind in Rom meist überdurchschnittlich teuer, und der Standard entspricht oft nicht den Erwartungen. Wer sich etwas Besonderes gönnen möchte, kann sich mal die Auftritte der „Art Hotels" anschauen. Angebote findet man auf www.expedia.de, www.venere.com, www.yubuk.com, www.booking.com u.a.

Sogenannte *pensioni* gibt es immer weniger, während die von kirchlichen Institutionen geführten Häuser nach wie vor besonders bei Pilgern beliebt sind. Die beste Übersicht mit vielen Infos findet sich auf der Seite des Deut-

schen Pilgerzentrums (www.pilgerzentrum.de, „Informationen").

Die Zahl der Bed&Breakfasts und Ferienwohnungen (mit Kochgelegenheit) für Kleingruppen hat rasant zugenommen, so dass eine Übersicht praktisch unmöglich ist. Um etwas Passendes zu finden, sucht man am besten am Computer (www.bbitalia.com, www.fewo-direkt.de, www.vaticanvacation.net, www.romahouse.com ... s. auch oben).

■ **Jugendherberge**: Es gibt in Rom ein offizielles „Ostello della Gioventù" (ostellodiroma.it) mit 380 Bettplätzen, das jedoch relativ weit vom Zentrum entfernt liegt, allerdings in unmittelbarer Nähe zum Fußballstadion. Ansonsten kann man über www.jugendherberge.de suchen. Vieles, was man im Internet unter dem Begriff „Hostel" in Rom findet, ist leider einfach eine schäbige Unterkunft in einem hässlichen Viertel.

■ **Campen**: Um Rom gibt es mehrere Campingplätze (auch mit Mietbungalows), die inzwischen recht gut ausgestattet wurden. Man muss allerdings in Kauf nehmen, dass sie alle recht weit vom Zentrum entfernt liegen und man deshalb vor allem zu Stoßzeiten viel Zeit für Busfahrten braucht. Seven Hills Village (www.sevenhills.it, Via Cassia 1216, im Norden der Stadt, mit Shuttlebus in die Innenstadt), Camping Village

Roma (www.ecvacanze.it, Via Aurelia 831, im Westen), Flaminio Village Camping (www.campingflaminio.com, Via Flaminia 821, im Norden), und noch zwei Adressen in Meeresnähe: Camping Internazionale Castelfusano (www.romacampingcastelfusano.it, Via Litoranea km 1.200, Lido di Ostia) und Country Club Castelfusano (www.countryclubcastelfusano.it, Piazza di Castel Fusano 1).

Für junge Frauen gibt es auch Übernachtungsmöglichkeiten im „Foyer" der katholischen Gemeinde Santa Maria dell'Anima mitten im Zentrum (Via Monte della Farina 19, Tel. 06-68801035).

Für alle Unterkünfte gilt: In Rom muss man – wie überall – auf gute Verkehrsverbindungen achten und möglichst versuchen, nicht in Stoßzeiten zu geraten. Außerdem sollte man – wie anderswo auch – daran denken, dass nicht alle Stadtviertel schön sind (z.B. unmittelbare Bahnhofsnähe). Wer nachts Ruhe sucht, sollte diesen Punkt vor Abreise klären, denn vor allem im Zentrum ist es fast rund um die Uhr laut.

# Unterwegs in der Stadt

Am besten zu Fuß! Roms Innenstadt ist im Vergleich zu anderen Hauptstädten recht überschaubar, und man bekommt am meisten mit, wenn man sie als Fußgänger erkundet. Ansonsten:

■ **Bus und Tram**: Das Busnetz ist recht eng, allerdings gibt es keinen Fahrplan, d.h. man stellt sich an die Haltestelle und wartet, bis die gewünschte Linie vorbeikommt. Sitzplätze sind selten, oft ist das Gedränge groß (Vorsicht Taschendiebe!). Einzelfahrt: 1,50 €, Tageskarte 6 €, 3-Tageskarte 16,50 und Wochenkarte 24 €. Tickets gibt's an den offiziellen Verkaufsstellen und in den meisten Tabakläden (*Tabaccherie*). Tipp: Die Straßenbahnlinie 3 fährt durch viele verschiedene Viertel. Man kann sich also herumfahren lassen, um einen Eindruck von Rom auch abseits der Trampelpfade zu bekommen. Tickets bei Fahrtantritt entwerten!

■ **U-Bahn und Zug**: In Rom gibt es bis dato nur zwei Metrolinien. Zwei weitere sind im Bau bzw. in Planung. Die U-Bahn lohnt sich für Besucher nur, wenn man zufällig in der Nähe einer Haltestelle wohnt und schnell in die Innenstadt möchte. Ansonsten ist es schade, sich untertage transportieren zu lassen, selbst wenn

es schneller geht. Außerdem gibt es Zuglinien, die innerhalb der Stadtgrenze mit dem normalen Busticket genutzt werden können (Plan auf: www.atac.roma.it/files/doc.asp?r=4)

■ **Besondere Linien**: Durch die Innenstadt fahren die elektrischen Kleinbusse 116, 117 und 119 (www.atac.roma.it/files/doc.asp?r=9). Sie sind empfehlenswert, weil sie meistens nicht überbelegt sind und man auch durch die kleineren Gässchen gefahren wird (mit normalem Busticket nutzbar). 110-Open tour (15 € für 24 Std. – Tickets an Bord oder online: www.trambusopen.com; 1 Rollstuhlplatz) und Archeobus (10 €) sind Doppeldeckerbusse und fahren die wichtigsten Touristenziele der Stadt an. An Bord gibt es Audioguides mit Erklärungen. Wallfahrern sei der Busdienst „Roma Cristiana" empfohlen; die Busse fahren zu den Hauptkirchen und anderen touristisch interessanten Orten.

■ **Flussboot**: Seit ein paar Jahren ist der Tiber wieder mit Booten befahrbar, und es wurde ein entsprechender Service eingerichtet, der auch mit einer Stadttour im Doppeldeckerbus kombinierbar ist. Infos auf: www.battellidiroma.it.

■ **Taxi**: Immer nur die weißen, offiziellen Taxis nehmen! Die Preise sind nicht höher als in anderen Städten, aber leider sind nicht alle *Tassisti* ehrlich. Immer kontrollieren, dass der Taxameter eingeschaltet wird!

■ **Motorino**: Man kann sich in Rom ein Motorino mieten und damit durch die Stadt touren. Das ist jedoch nicht ungefährlich: Unsere Straßen sind entweder aus Kopfsteinpflaster oder löchrig (oder beides). Außerdem hat der römische Verkehr seine Eigenheiten, und die hiesigen Verkehrsteilnehmer nehmen auf „Anfän-

ger" keine Rücksicht. Wer's dennoch versuchen will: www.scooterhire.it, www.ecomoverent.it, www.bicibaci.it (auch auf Deutsch).

■ **Fahrrad**: Wenn schon, dann nur mit Helm und Licht! Römische Fahrer sind nicht an Fahrräder gewöhnt! Außerdem muss man recht fit sein, denn Rom ist hügelig (wie man weiß …).

■ **Auto**: Wenn die Römer bei Regen und Kälte ihr Auto zuhause lassen, gibt es dafür gute Gründe. Umso mehr gilt das für Besucher.

# ◼ Tipps und Infos

## Not-, Aus- und Unfälle

Wichtige Telefonnummern:
- ◼ 113 – **Notruf (Polizei)**
- ◼ 112 – **Notruf (Carabinieri)** Polizia und Carabinieri sind absolut gleichwertig, auf beide Institutionen ist Verlass.
- ◼ 115 – **Vigili del Fuoco (Feuerwehr)**
- ◼ 118 – **Emergenza sanitaria (Krankenwagen)**
- ◼ 06-67691 – **Polizia municipale** – bei abgeschlepptem Auto

◼ **Anmache**: Insbesondere blonde Mädchen mit blauen Augen müssen darauf vorbereitet sein, in Rom von den Jungs immer wieder gnadenlos angegraben zu werden. Wenn einem das nicht behagt, muss man zwar nicht gleich wie eine Nonne herumlaufen, aber viel nackte Haut finden die Römer nun mal sehr interessant.

Bei einem ◼ **Autounfall** sollten (möglichst auf offiziellem Formular) so viele Infos wie möglich aufgenommen werden. Noch besser: Man lässt sich von der Verkehrspolizei helfen. Bei leichteren und schwereren Verletzungen ruft man einen Krankenwagen oder begibt sich selbsttätig zum nächsten Krankenhaus mit „Pronto Soccorso", damit die Verletzung offiziell bestätigt wird. Das kann allerdings mehrere Stunden in Anspruch nehmen.

◼ **Besucherinfos**: Es gibt über die Stadt verteilt (Piazza Pia – Engelsburg, Via Marco Minghetti, Via Nazionale, Piazza delle Cinque Lune – Piazza Navona, Via dell'Olmata – Santa Maria Maggiore, Piazza Sidney Sonnino – Trastevere, Via Giolitti – Bahnhof Termini und an beiden Flughäfen), mehrere „Punti Informativi Turistici", meist dunkelgrüne achteckige Kioske. Dort bekommt man kleine Stadtpläne, Infobroschüren u.a.; außerdem kann man hier Busfahrkarten, Tickets für Veranstaltungen und Bootsfahrten auf dem Tiber und den „Roma Pass" für 25 € bekommen (3 Tage gültig für Nahverkehr, kostenloser Eintritt in 2 Museen oder andere Stätten und reduzierter Eintritt in alle weiteren und sonstige Vergünstigungen). (www.turismoroma.it – auch auf Deutsch, allerdings in einer etwas merkwürdigen Übersetzung)

■ **Diebstahl**: In Rom sind leider zahlreiche Diebe unterwegs – vor allem dort, wo viele Touristen sind. Deshalb: Nie zuviel Wertvolles mitnehmen und Wertsachen am Körper tragen (<u>nicht</u> in der hinteren Hosentasche!). Wenn trotzdem was wegkommt (Ausweise, Kreditkarten …), erstattet man zuerst Anzeige bei der Polizia oder den Carabinieri und geht dann zum Konsulat seines Landes, um sich einen provisorischen Ausweis ausstellen zu lassen (s. Notfälle). Bitte auch gut auf Kameras, Handys, IPods usw. aufpassen!

■ **Essen**: Am besten macht man es wie die Römer und verlegt die Hauptmahlzeit auf den Abend.

Das schnellste Polizeiauto der Welt

# Geld weg, Ausweise weg, Kreditkarten weg?

Erstens: von Anfang an so wenig wie möglich mitnehmen, um das Risiko zu minimieren; zweitens: gut aufpassen!; drittens, wenn doch mal was passiert: Kreditkarten sofort sperren lassen (Telefonnummern von zuhause mitnehmen!); zur Polizei oder zu den Carabinieri gehen, um den Diebstahl oder Verlust anzuzeigen. Das gibt einem weder Geld noch Ausweise zurück, normalerweise werden auch keinerlei Nachforschungen angestellt, aber man braucht die Anzeige, um sich einen vorläufigen Ausweis für die Rückreise ausstellen zu lassen (das geht einfacher, wenn man eine Fotokopie davon besitzt!), und zwar bei den Botschaften bzw. Konsulaten:

- Botschaft der Bundesrepublik Deutschland, Via San Martino della Battaglia 4, Tel. 06-492131 (www.rom.diplo.de mit vielen weiteren Informationen)
- Österreichische Botschaft Rom, Via Pergolesi 3, Tel. 06-8440141, Konsularabteilung (Notfallnummer) 06-8418212, Viale Liegi 32 (www.bmeia.gv.at/botschaft/rom).
- Botschaft der Schweizerischen Eidgenossenschaft, Via Barnaba Oriani 61, Tel. (Konsulat) 06-80957382 (www.eda.admin.ch/roma)

Um gestärkt in den Tag zu starten, sollte man sich aber ein ordentliches Frühstück gönnen. Tagsüber reichen ein paar kleinere Mahlzeiten (das römische „Fast Food" lässt keine Wünsche offen), damit man sich auch für den Nachmittag noch etwas vornehmen kann (s. auch S. 145).

- **Fälschungen:** Der Kauf von Taschen, Gürteln und Sonnenbrillen in der Nähe von Sehenswürdigkeiten ist gefährlich. Nicht weil eine Sonnenbrille zum Schnäppchenpreis keinen UV-Schutz bietet, sondern weil man als Käufer zu einer Strafe von bis zu 1000 € verdonnert werden kann, wenn man erwischt wird.

■ **Geocaching:** Die moderne Form der Schnitzeljagd! Man braucht einen GPS-Empfänger und die im Internet angegebenen Koordinaten, um die ca. 25 in Rom versteckten „Caches" zu finden (eventuell selber welche für andere Mitspieler verstecken!). Die Beschreibungen der in Rom verborgenen „Schätze" stehen natürlich nur auf Italienisch und Englisch im Netz. Weitere Infos auf www.geocaching.org und www. opencaching.de.

■ **Gottesdienste auf Deutsch:** Katholische deutschsprachige Gemeinde S. Maria dell'Anima (Via S. Maria dell'Anima 66 – Piazza Navona): sonntags um 10 Uhr; Evangelisch-Lutherische Gemeinde Rom (Via Sicilia 70 – Via Veneto): sonntags um 10 Uhr; Campo Santo Teutonico (Vatikan)

■ **Internet:** Erst vor kurzem wurden in Rom mehrere Hotspots eingerichtet – leider nicht immer dort, wo sie nützlich wären. „Roma Wireless" unterhält mehrere bisher frei nutzbare Spots in der Innenstadt und in manchen Parks (www.romawireless.com – auch auf Englisch), „Provincia Wi-Fi" hat ebenfalls mehrere Dutzend eingerichtet, meist in Außenbereichen (www.provincia.roma.it/wi-fi – nur Italienisch). Auch der öffentliche Nahverkehrsbetreiber ATAC hat viele Hotspots eingerichtet, u.a. an mehreren Endhaltestellen (eine Stunde kostenlose Nutzung pro Tag; www.atac.roma.it). Außerdem gibt es natürlich viele Internet Points; hier eine kleine Auswahl: Via Germanico 16 – Nähe Vatikan; Via Santa Caterina da Siena 40 – Nähe Pantheon; Piazza S. Andrea della Valle – Piazza Navona; Via delle Fratte di Trastevere 44b; Via Cavour 213; Via Urbana 117.

■ **Kino:** Die meisten ausländischen Filme werden italienisch synchronisiert. Originalfassungen (mit „VO" in den Zeitungen identifiziert) werden vor allem in folgenden Kinos gezeigt: Nuovo Olimpia, Via in Lucina 16; Warner Village, Piazza della Repubblica 35 (nahe Bahnhof Termini); Nuovo Sacher (montags), Largo Ascianghi 1 (Trastevere), Barberini (Piazza Barberini 24). Welche Filme gerade in Originalfassung laufen, findet man auf www.romace.it („lingua originale").

■ **Kleidung/Schuhe**: Nehmt nach Rom ruhig bequeme Kleidung mit, allerdings nicht das Abgerissenste, was ihr besitzt, denn Römer haben einen eigenen Sinn für Schönheit und Mode. Man muss bedenken, dass es im Herbst und Winter oft regnen kann, dass Wintertage oft kalt anfangen, aber mit der Sonneneinstrahlung schnell wärmer werden und dass man sich bei Hitze gern öfter umzieht. Also: im Winter mehrere Schichten, im Sommer leichte, luftige Kleider (besser hell). Allerdings sind ärmellose Sachen für Jungs verboten. Auch muss man darauf achten, dass man in viele Kirchen mit Top und kurzer Hose nicht hineinkommt. Übrigens: Warum tragen Römer keine Flip-Flops? Genau: weil sie sich für Rom absolut nicht eignen. Viel besser sind Schuhe, die die Füße besser schützen und beim Gehen weniger anstrengend sind.

■ **Krankheit / Verletzung**: Krankenkassenkarte nicht vergessen! In Rom wird in den öffentlichen Krankenhäusern grundsätzlich jede und jeder bei kleineren und größeren Notfällen erstmedizinisch versorgt – sogar ohne Versicherung. Wartezeiten sind oft lang, und die Ausstattung ist nicht immer so, wie man sie von zuhause gewöhnt ist, aber das Personal ist meistens hilfsbereit. Ansonsten muss man sich an privat praktizierende Ärzte wenden (eine Liste findet man auf der Seite der Deutschen Botschaft: www.rom.diplo.de – „Soziales"). Am besten vorher checken, was die Versicherung deckt, oder eine Reiseversicherung abschließen.

Für italienische und ausländische Touristen gibt es für kleinere gesundheitliche Probleme die „Guardia Medica Turistica", die jeweils 24/7 an zwei Orten zur Verfügung steht: Ospedale Nuovo Regina Margherita, Via Morosini 39

(Trastevere), und Poliambulatorio Canova, Via Canova 19 (Nähe Piazza Augusto Imperatore). Auf Deutsch kann man sich dort wohl kaum verständigen.

■ **Musik:** Vor wenigen Jahren wurde der von Stararchitekt Renzo Piano entworfene „Parco della Musica" eingeweiht, der auch zu besichtigen ist. Besonders wegen ihrer Kulisse sind die klassischen Konzerte im „Oratorio del Gonfalone" begehrt. Im Sommer ist eine Opernaufführung in den Caracalla-Thermen trotz Verstärkung und suboptimaler Akustik ein unvergessliches Erlebnis. Bluesfreunden sei das „Big Mama" in Trastevere (Vicolo S. Francesco a Ripa 18), Jazzfanatikern das „Alexanderplatz" (Via Ostia 9, Nähe Piazza Risorgimento) empfohlen.

■ **Papstaudienz:** Um Tickets für die Mittwochsaudienz zu bekommen, muss man ein Fax an die Nummer +39 06 6988 5863 schicken, auf dem Datum der Audienz, Teilnehmerzahl, Bezugsperson, Adresse und Telefon angegeben sind. Die Tickets sind kostenlos!

■ **Post**: Ein Standardbrief wie eine Karte nach Deutschland/Österreich/Schweiz kostet derzeit 75 Cent. Briefmarken bekommt man in Postfilialen und Tabakläden. Rote Briefkästen sind über die ganze Stadt verstreut (*tutte le altre destina-*

*zioni* ist der richtige Schlitz!) und werden auch geleert. Wer das Besondere sucht, kann seine Sendungen durch die Vatikanpost verschicken: Briefmarken in der Hauptpost nördlich der Kolonnaden kaufen und Briefe in die blauen Kästen einwerfen.

■ **Reisezeit**: September und Oktober sind oft die schönsten Monate, mit entsprechend vielen Touristen. Der Winter (November bis März) ist eine Art deutscher Herbst: Es kann schöne, wärmere Tage geben, aber auch Dauerregen, der viele Besucher abhält; die Temperatur sinkt das ganze Jahr über praktisch nie unter den Gefrierpunkt. April und Mai sind wettermäßig unsicher: Manchmal kann man schon Anfang Mai am Strand liegen, und manchmal zieht man dann noch die Jacke an. Ab Juni ist Sommer, was vor allem bei Temperaturen ab 30 Grad vom Rombesucher Anpassungsfähigkeit erfordert: Morgens sollte man recht früh aufstehen, später eine ausgedehnte Mittagspause einlegen und erst spätnachmittags und abends wieder unterwegs sein.

■ **Sicherheit**: Roms Innenstadt ist auch nachts relativ sicher (mal von betrunkenen amerikanischen Studenten abgesehen), vor allem weil im Zentrum bis spät viele Menschen unterwegs sind. Allerdings sollte man nie bei Fremden ins Auto steigen oder sich in nicht-öffentliche Räume bringen lassen. Eine Gruppe bietet meist ausreichend Schutz.

■ **Shoppen**: Auch Roms Innenstadt ist fest im Griff der großen internationalen Marken, die man ebenso zuhause kaufen kann. Wer etwas Besonderes sucht, schaut am besten auf den Märkten (s. dort) oder in kleineren Läden. Wer länger bleibt, kann sich an eines der Outlet Center wagen (Castel Romano, Valmontone, Monte Soratte), die am Wochenende Busdienste organisieren, damit man auch ohne Auto dorthin kommt. Am Stadtrand gibt es auch ein paar Rieseneinkaufszentren (mit den gleichen Marken wie in der Innenstadt, aber klimatisiert bzw. überdacht).

■ **Sonnenschutz:** Im Sommer sollte man die römische Sonne nicht unterschätzen. Also lieber Sonnencreme als Sonnenbrand. Klingt doof, stimmt aber.

■ **Stadion:** Das „Stadio Olimpico" beheimatet zwei Vereine der *Serie A*: A.S. Roma und S.S. Lazio. Die Südkurve gehört bei Heimspielen Roma-Ultras, während die Nordkurve die Heimat der Lazio-Fans ist. Tickets auf www.listicket. it

■ **Taxi:** Sie sind weiß und haben ein TAXI-Schild auf dem Dach. Wenn man am Flughafen von vermeintlichen Taxifahrern angesprochen wird, darf man nicht darauf hereinfallen: Die echten Taxifahrer suchen ihre Kunden nicht, sondern warten außerhalb des Terminals.

■ **Theater:** Avantgarde sucht man in römischen Theatern meist vergeblich (Ausnahme: Romaeuropa Festival mit ausgezeichneten internationalen Produktionen), aber die italienische und ausländische „Klassik" ist gut vertreten. Einen Überblick über das, „was läuft", bietet „Roma c'e'" – entweder am Kiosk oder im Internet (www.romace.it).

■ **Tickets**: Die Preispolitik der römischen Museen und anderen touristisch interessanten Stätten ist nicht einfach zu durchschauen. Preise ändern sich oft und ohne Vorwarnung; es gibt viele Reduzierungen und Ausnahmen (www.060608. it hat meistens die aktuellsten Informationen – auch über Öffnungszeiten!). Wichtig für EU-Bürger: Bis 25 und über 65 Jahre kommt man in viele Einrichtungen zum ermäßigten Tarif hinein. Ausweis nicht vergessen! Studenten der Kunstgeschichte, Archäologie u.ä. sollten eine Einschreibungsbestätigung ihrer Uni dabeihaben, denn auch für sie gilt oft der ermäßigte Preis.

■ **Trinken**: Auch wenn im Sommer ein kühles Bier am Mittag sehr verlockend erscheinen

mag: Tagsüber Finger weg vom Alkohol! Vor allem in den wärmeren Monaten kann einem der Alkohol den Tag in Rom ruinieren. Viel trinken sollte man trotzdem. Dazu empfiehlt es sich, immer eine kleine Mineralwasserflasche dabei zu haben. Die beste und billigste Variante heißt allerdings *fontanella* oder *nasone* (große Nase): Es handelt sich um die vielen Trinkwasserbrünnlein, die über die Stadt verstreut sind. Der Wasserversorgungsbetrieb ACEA hat sogar einen Plan erstellt (www.acea.it/GetMedia.aspx?lang=it&id=701cdee8ba814b078f12dbcc13525d44&s=0).

■ **www.060608.it:** So heißt die außerordentlich gute Internetseite der Stadtverwaltung. Man kann damit präzise Informationen über fast alles bekommen. Und all das auch auf Englisch und nicht nur auf Italienisch. Weitere wichtige Seiten: www.romace.it: Alles, was in Rom los ist, und www.atac.roma.it: die Seite des Öffentlichen Nahverkehrs.

# Estate Romana

Der römische Sommer ist nicht einfach eine Jahreszeit, sondern eher ein Zustand. Bis vor ein paar Jahrzehnten, als die Schulen noch von Anfang Juni bis Anfang Oktober dichtmachten, zogen die Familien mit Kind und Kegel monatelang aus der Stadt. Zurück blieben nur solche, die arbeiten mussten (oder so taten), und solche, die überhaupt keine Verwandten oder andere Unterkunftsmöglichkeiten außerhalb Roms besaßen. Deshalb war die Stadt im Juli und August tatsächlich ausgestorben. Aber die Zeiten ändern sich: Die allermeisten haben nur noch ein paar Wochen frei, viele können sich einen längeren Urlaub gar nicht mehr leisten.

Darauf reagierte die Stadtverwaltung vor mehreren Jahren mit der Einrichtung der „Estate Romana": Zwischen Juni und September werden (z.T. an sehr schönen Orten) Hunderte von Events organisiert, viele davon für Einheimische und Besucher kostenlos. Deshalb können die Römer durchaus in ihrer eigenen Stadt „Urlaub machen". Musik, Theater, Ballett, Essen & Trinken – für jeden ist etwas dabei, und für einige der Events muss man kein Italienisch können. Besonders empfehlenswert ist das Jazz-Festival in der Villa Celimontana, für Klassikliebhaber die „Concerti del Tempietto" vor der beeindruckenden Kulisse des Marcellus-Theaters, die Theatervorführungen in Ostia Antica, das Feuerwerk am 28. Juni über der Engelsburg (zu Ehren der beiden Schutzheiligen der Stadt, Peter und Paul) und natürlich die weltberühmten Opernaufführungen in den Caracalla-Thermen.

(www.estateromana.comune.roma.it – Es gibt auch eine englische Version, die jedoch nicht sehr hilfreich ist).

# Nachwort: Rom und Moderne – (wie) passt das zusammen?

Rom besitzt keinen einzigen Wolkenkratzer und auch sonst nichts, was man mit gutem Gewissen als „Skyline" bezeichnen könnte. Wenn man von den Aussichtspunkten auf die Innenstadt schaut, erinnert alles an vergangene Jahrhunderte: Stein statt Glas, Marmor statt Stahl.

Dabei leben die Römer so modern wie ihre Zeitgenossen anderswo, fahren die gleichen Autos, sprechen in die gleichen Mobil-Telefone, starren in die gleichen Computer, tragen die gleiche Mode – nur eben in einer anderen Umgebung. Junge Römer treffen sich vor dem Kolosseum, auf dem Campo dei Fiori, beim Trevibrunnen – das prägt, obwohl es in Rom ganz selbstverständlich ist. Manchmal wünscht man sich, die Ragazzi hätten etwas mehr Respekt vor Altertümern und würden sie besser behandeln.

Was Besucher (aber auch die Römer selbst) immer wieder überrascht, ist die Tatsache, dass der Verkehr zwar (angeblich) ständig weiter zunimmt, es aber trotzdem im Centro irgendwie weitergeht. Natürlich braucht man starke Nerven, wenn der Arbeitsplatz am anderen Ende der Stadt liegt, es regnet und die Busse streiken. Viele fragen sich zu Recht, wie eine 4-Millionen-Stadt, in der die breiteste Straße gerade Mal drei Fahrspuren hat, damit fertig wird – noch dazu bei unpünktlichen Bussen und nur zwei U-Bahn-Linien. Viele sind aufs Motorino umgestiegen, andere versuchen außerhalb der Stoßzeiten ins Büro zu fahren … Es geht eben! Das ist Rom.

Apropos U-Bahn (Metropolitana): Die erste Linie (nicht etwa „A", sondern „B"!) ging 1955 in Betrieb. Man hatte schon vor dem Zweiten Weltkrieg mit Planung und Bau begonnen, denn das „moderne Meisterwerk" sollte die Menschen vom Bahnhof Termini ins Viertel der Weltausstellung (E.U.R.) bringen, die jedoch wegen des Kriegs nie stattfand. 1980 konnte die zweite Linie („A") eingeweiht werden. Die Arbeiten machten alle Schwierigkeiten des U-Bahn-Baus in Rom deutlich: unzumutbare Lärmbelästigung (zu Beginn wurde nicht unterirdisch gearbeitet), Schäden an den umliegenden Häusern (als später unterirdisch gebaut wurde und die Vibrationen ganze Straßenzüge zum Beben brachten), heilloser Verkehr in der Nähe der Baustellen und natürlich das Rom-spezifische Problem: Auf Schritt und Tritt stieß man auf archäologische Fundstücke, die von der zuständigen Behörde aufgenommen, vor Ort fotografiert und sichergestellt werden mussten. Verständlich, dass die Arbeiten nur schleppend vorankamen.

Ganz ähnliche Probleme stellen sich gegenwärtig bei der Planung der Verlängerungstrassen und der beiden neuen Linien, die 2020 fertig sein sollen. Die C-Linie soll direkt durch die Innenstadt führen und wird daher so tief unter das Straßenniveau gelegt, dass die sog. „archäologische Schicht" nicht zerstört wird. Wenn da nur nicht die U-Bahnhöfe mit ihren Ausstiegen wären (die ja irgendwie durch diese Schicht kommen müssen)! Die Ewige Stadt trägt's einigermaßen gelassen – es ist ja auch schön, immer wieder über etwas nörgeln zu können.

Architektonisch hat die Stadt in den letzten Jahren ein paar moderne Akzente gesetzt: der „Parco della Musica" von Renzo Piano, die beiden Werke Richard Meiers und das MAXXI von Zaha Hadid. Viele Romani sind davon begeistert, natürlich längst nicht alle, aber die Beanstandungen sind bei den stets klammen Kommunalkassen eher finanzieller Art.

Weit weniger schön sind die vielen neuen Viertel am Stadtrand: Rom wächst weiter und braucht neuen Wohnraum. Was da zum Teil landschaftlich verbrochen wird, ist beeindruckend, von mangelnder umwelttechnischer Nachhaltigkeit ganz zu schweigen.

Römer sind Snobs (dazu noch „abgebrüht", wie ein deutscher Schriftsteller schrieb) und sogar überheblich, denn sie denken, dass die ganze Welt ihrer Stadt etwas verdankt. Trotz allem: Es ist auch diese ewige Spannung zwischen Antike und Moderne, die Rom unvergleichlich macht: unvergleichlich anstrengend, chaotisch, rätselhaft – unvergleichlich schön.

# Register

# Bildnachweis

Rainer Boos, Regensburg · S. 21, 22 oben (beide), 53, 64

bpk/Scala · S. 99

Sara Castegini · S. 148

Corinna Elsner · S. 46, 62, 63, 177

Manfred Heyde (Wikimedia) · S. 43

Florian Knörl, Regensburg · S. 8, 18, 27, 31, 45, 52, 54, 56, 58, 59, 65, 70, 71, 72, 93, 180

Andreas Lechtape, Münster · S. 57, 68

Fam. Militello · S. 11, 12, 20, 22, 24, 27, 28, 32, 33, 34, 35, 36, 37, 41, 47, 50, 51, 53, 55, 60, 61, 75, 77, 78, 79, 80, 81, 82, 84, 89, 102, 103, 105, 106, 107, 110, 111, 118, 121, 123, 126, 127, 129 (unten), 131, 132, 133, 134, 135, 137, 139, 141, 143, 145, 146, 150, 155, 156, 160, 161, 162, 164, 168, 169, 170, 171, 172, 173, 175 (unten), 182, 183

Anja Palm · S. 129 (oben), 147, 151, 152, 153, 157, 159, 163, 165, 181, 184, 188

Elisabet Petersen, Regensburg · S. 22, 26, 39, 69, 114, 116, 117, 119, 120, 128, 154 oben, 158, 164, 174, 185

Wikimedia Commons · S. 67, 90, 109, 113

Aus: Erwin Gatz, Roma Christiana. Vatikan – Rom – römisches Umland. Ein kunst- und kulturgeschichtlicher Führer. Regensburg [3]2008 (Giorgio Vasari, Rom) · S. 42, 86, 94

Aus: Filippo Coarelli, Guida Archeologica di Roma. Mailand [2]1975 · S. 25

Aus: Vincenzo Fiocchi Nicolai/Fabrizio Bisconti/Danilo Mazzoleni, Roms christliche Katakomben. Geschichte – Bilderwelt – Inschriften. Regensburg [2]2000 · S. 48, 49